KB052271

순진한 당신을 위한 예리한 지혜

순진한 당신을 위한 예리한 지혜

세상에서 현명하게 살아남는 185가지 방법

발타자르 그라시안 지음
민경수 옮김

일러두기

이 책은 《세상을 사는 지혜Oráculo manual y arte de prudencia》의 영문 판본에서 중심 내용을 추려 번
역한 것이다. 독자의 이해를 돕고자 현실적이고 직설적인 표현으로 새롭게 편집구성하였음을 밝힌다.

'땀 흘려 일하며 꿈을 이루고 싶다.'
'승부를 겨뤄야 할 때는 무슨 일이 있어도 이기고 싶다.'
'소중한 사람에게 인정받는 행복한 인생이 되고 싶다.'

이런 사람들에게 도움을 주고자 이 책은 쓰였다.

17세기 스페인의 철학자이자 예수회 신부였던 발타자르 그라시안은 '인간의 본성'을 예리하게 관찰해서, 살아 있다면 누구나 가지고 사는 '욕망'을 충족시키는 방법을 연구했다. '좋은 사람이 되기 위한 방법'에서 그치는 것이 아니라 '인생을 풍요롭고 지혜롭게 살기 위한 방법'들이 이 책에 가득 담겼다.

400여 년 전의 철학자라고 하지만, 모질고 각박한 21세기 현실을 살아가야 하는 우리에게 주는 가르침에 고리타분한 구석은 전혀 없다. 그야말로 군더더기 없는 돌직구 조언이다. 일상의 작은 문제부터 인생 고민까지 냉철한 철학자의 가차 없는 문장들에서 당신은 무릎을 '탁' 칠 최고의 해답을 찾게 될 것이다. 때로는 이기적이고 영리하게, 그러나 당당하고 씩씩하게 살아갈 것을 권하는 그에게서 우리는 한 수 위의 인생을 사는 방법을 배울 수 있다.

차례

적을 만들지 않는 사람들의 무기

2장

단점은 어디까지나 그 사람의 일부분일 뿐이다

인생의 심리전에서 지지 않는 법

곁 에 있 다 고 해 서 모 두 내 편 은 아 니 다

4장

행복을 거머쥐는 사람들의 필수품

평범한 사람이 행복한 삶을 꾸린다

1장

현명한 사람들의
자기 계발

일직선으로 나는 새는 총에 맞기 딱 좋다

지혜 없는 용기는 무모하고
용기 없는 지혜는 무기력하다

눈에 띄게 뛰어난 사람은 어느 시대건 존재하게 마련이다. 그들이 갖고 있는 공통점은?

다름 아닌 지혜와 용기다.

몸에 비유하자면 지혜는 '눈'과 같고, 용기는 '손'과 같다. 지혜가 없으면 캄캄한 어둠 속에 사는 것과 마찬가지고, 용기가 없으면 무언가를 만들어 내기가 굉장히 어렵다.

허나 용기가 있어도 지혜가 없다면 무모한 시도만 반복하는 셈일 테고, 지혜가 있어도 용기가 없다면 힘없이 제자리에 머무를 뿐이다. 지혜와 용기를 동시에 갖추어야 하는 이유가 바로 이것이다.

뛰어난 재능보다
구체적인 목표를 가진 사람이 성공한다

당신에게는 목표가 있는가? 거창하지 않아도 좋다. 그저 '앞으로 이렇게 되면 좋겠다'는 생각 정도라도 괜찮다. 목표를 가지고 있다면, 이제는 그것을 구체적으로 그려 볼 차례다.

우리가 어떤 식으로든 지지하고, 존경하고, 좋아하는 사람들은 무언가 한 가지씩은 뛰어난 구석이 있는 것처럼 보인다. 머리가 좋아 반짝이는 재능이 있다든가, 말을 매끄럽게 한다든가, 운동 신경이 남다르다든가, 혹은 성격이 정말 좋다든가.

당연한 이야기지만, 이 모든 것을 처음부터 가진 사람은 없다. 세상은 노력하면 얻을 수 있다고도 말한다. 하지만 솔직한 이야기로, 아무리 노력해도 원하는 바를 얻지 못하는 경우가 훨씬 많다.

그러나 구체적인 목표가 있다면 상황은 달라진다. 뛰어난 재능이 없더라도 목표를 가지고 함께 노력하면서 힘을 합쳐 나아가면, 평범한 사람이라도 생각보다 빠르고 쉽게 목표에 도달할 수 있을 것이다.

계획이 어중간하면
결과도 어중간할 수밖에 없다

계획을 세울 때 무엇보다도 먼저 검토해야 할 것은 '성공할 확률이 얼마나 되느냐'이다.

장밋빛 미래를 선명하게 떠올릴 수 있다면 바로 시작하는 것이 좋다. 하지만 실패할 가능성이 있다면 깨끗이 포기하는 것이 좋다. 긍정적인 생각만 해도 성공 여부가 불투명한데, 실패가 두려워 벌벌 떠는 사람의 일이 제대로 되겠는가?

'아마 잘 되겠지' 따위의 어중간한 태도도 마찬가지다. 부탁이니 내려놓길 바란다. 시작이 어중간하면 결과도 어중간할 수밖에 없다. 그나마도 도중에 때려치울 것이 불 보듯 뻔하다.

덧붙이자면, 아무리 성공할 확률이 높다 해도 방심은 절대 금물이다. 짜 놓은 계획대로 완벽하게 진행될 가능성은 현저히 낮다. 하물며 확신 없는 계획을 실행하겠다고? 어림없는 소리다.

무심코 뱉은 말이 자신을 망친다

대화 없는 우리를 떠올려 보자. 상대방을 이해하기도 나를 표현하기도 상당히 곤란할 것이다. 대화가 없으면 우리는 힘들다.

그러나 대화의 성격상, 일상적인 상황에서 이루어지다 보니 방심하다가는 실수하기 딱 좋다. 무심코 내뱉은 말이 뜻밖의 오해를 부르거나 눈물의 대상이 되는 경우가 많다. 그 상황을 책임져야 하는 사람은? 바로 자신이다. 그러므로 입을 열 때는 주의하고 또 주의하자.

철학의 아버지, 소크라테스는 이렇게 말했다. "무슨 말이든 해라. 그러면 내가 너를 이해할 수 있으리라." 주고받는 말 속에 심리와 성격이 고스란히 담긴다는 것을 그는 이미 알고 있었던 것이다.

꽃길도 가시밭길도
스스로 결정하는 것이다

살다 보면 수시로 갈림길과 마주한다. 안타깝게도 갈 곳을 알려주는 단서가 주어지는 경우는 많지 않다. 그러니까 우리는 스스로의 판단만 믿고 나아갈 방향을 선택해야 한다.

잘만 고르면 꽃길을 걸을 수도 있겠지만, 잘못 들었다가는 가시밭길을 겪게 될지도 모른다.

올바른 지식과 예리한 지성, 풍부한 인간성과 경험, 그리고 무엇보다도 명확한 판단력을 갖고 있다면 이정표 없는 갈림길에서도 더 나은 길을 골라낼 수 있을 것이다.

고민은 꼼꼼하게,
판단은 신중하게

　중요한 일을 앞두고 있다면 몇 번이고 고민에 고민을 거듭해야 한다. 상황을 제대로 알지도 못하면서 마음만 앞섰다가는 큰코다치기 일쑤다.

　수박 겉핥기식으로 대강 훑어보기만 하고 방심하는 일이 없기를 바란다. 안이한 자세와 단순한 사고방식에서 벗어나자. 언제나 사물의 본질을 꿰뚫어보기 위해 노력하고, 말의 이면에 숨은 본뜻을 읽어내는 연습을 해야 한다. 이해득실을 철저히 따지고 가능한 모든 상황을 고려하는 꼼꼼한 자세가 성과로 이어진다.

모든 재능을 드러낼 필요는 없다

대체로 능력 있는 사람은 누군가 자신의 재능을 알아주기를 원한다. 하지만 타인의 인정을 받는다고 해서 반드시 행복으로 이어지지는 않는 법.

'저 사람은 뭐든 잘해'라는 평판을 받는 사람이 있다고 치자. 기쁜 것도 잠시, 그는 작은 실수 하나에도 명성이 날아갈까 전전긍긍 긴장을 놓지 않을 것이다. 능력 때문에 오히려 발목을 잡힌 셈인데, 이런 삶을 행복하다고 할 수 있을까?

실수 없이 모든 일을 완벽하게 처리하는 사람도 마찬가지다. '저 친구는 너무 완벽해서 마음에 들지 않는다'고 험담하는 사람이 생긴다면? 능력 없는 사람보다 결과적으로 더 불행해질 수도 있다.

재능을 갈고닦는 것은 좋다. 다만, 자신의 재능을 전부 드러내는 것은 자제하는 편이 현명하다. 양초는 활활 타오를수록 빨리 꺼진다. 재능 또한 소중히 아껴 써야 오래간다.

진정한 모험가는
사전조사를 치밀하게 한다

적극적인 성격과 뛰어난 행동력을 갖춘 사람일수록 모험을 즐긴다. 문제는 그들이 '모험에는 언제나 위험이 따르기 마련'이라느니, '위기를 두려워하면 아무것도 못 한다'는 등 때때로 큰소리를 친다는 것이다. 그들의 말을 무모하게 따르지 마라.

완전히 틀린 말은 아니지만, 위험하다는 것을 알면서도 굳이 발을 들여놓는 것은 제 무덤을 파는 짓과 같다. 험지를 탐험하겠다고 나섰다가 깊이를 알 수 없는 진흙 구덩이에 빠지기라도 했다고 생각해 보라. 바로 그 순간, 인생이 그곳에서 끝날 수도 있다.

물론 때로는 모험이 필요할 때도 있다. 하지만 반드시 사전조사를 완벽하게 끝마치고 출발하자. 진정한 모험가는 사려 깊고, 주의 깊다.

겉모습에 속지 마라

사람의 겉과 속은 같지 않다. 의식적으로 겉모습을 꾸미는 사람도 제법 있다. 그러다 보니 겉모습만 보고 안이하게 상대방을 판단했다가, 나중에 본모습을 보고 놀라는 경우도 많다. 이런 실수를 범하는 것은 어리석다.

특히 실속 없고 미덥지 못한 사람일수록 겉을 꾸미는 기술이 뛰어난 법이다. 득도한 척하는 고승이 알고 보니 세상의 때에 찌든 속물이거나, 자선가로 알려진 부호가 인색한 구두쇠거나, 친절한 신사가 실은 희대의 사기꾼인 경우를 우리는 너무나도 자주 봐 왔다.

겉모습에 속아서는 안 된다. 와인 병의 상표를 바꿔 붙이는 건 굉장히 쉬운 일이다.

적게 노력하고 많이 얻는
가장 쉬운 방법

예의는 마법과도 같다. 마음을 다해 예를 갖추면 남들로부터 인정받는다. '예의 바른 사람'이라는 딱지가 붙으면 상대의 대우가 훨씬 따뜻해진다.

한편, 예의는 하나의 의무이기도 하다. 특히 공적인 장소에서 예의를 지키지 않으면 그 자리의 분위기를 망치게 되고, 많은 사람에게 피해와 불쾌감을 안겨주기도 한다.

이렇듯 예의를 지켜 바르게 행동하는 것은 굉장히 중요한 일이지만, 다행히도 생각보다 어렵지 않다. 그야말로 '적게 노력하고 많이 얻는 것'이다. 그러므로 예의를 지키는 것은 결코 손해 보는 일이 아니다.

고생과 노력의 티를 과하게 내는 사람은 존경받기 어렵다

성공하기 위해서는 당연히 매일같이 노력하여 실력을 쌓아야 한다. 하지만 '저 사람은 정말로 성공한 사람이다'라는 인정을 받으려면 스스로 노력한 티를 내서는 안 된다. '내가 이만큼 노력해서 여기까지 올라왔는데 말이야' 같은 식의 어필은 안 하느니만 못하다.

사람들은 보통 '저 사람은 나와 다르구나', '나는 저 사람 발뒤꿈치도 못 따라가겠다'는 느낌이 들게 하는 이를 존경하게 마련이다. 오랜 여행 끝에 먼지와 진흙으로 뒤범벅이 된 여행자의 옷차림이 그다지 좋은 인상을 주지 않는 것과 같이, 고생과 노력의 흔적을 대놓고 드러내 보인다면 존경받기 어렵다.

자신보다 뛰어난 사람과
우정을 쌓는 것을 목표로 삼아라

뛰어난 사람들이 한눈에 서로에 대해 친근감을 갖는 것은 일
종의 신비한 기적과도 같다. 이렇게 생겨난 우정은 존경과 신뢰
를 기반으로 더욱 긴밀해지고 강해진다.

그렇기에 우리는 큰 인물과 허물없는 우정을 주고받는 것을
목표로 삼아야 한다. 아무리 뛰어난 재능을 타고났어도, 이 같은
우정이 없으면 인생의 목표에 도달하기란 어렵다.

어리석은 사람은 갈채에 웃고,
현명한 사람은 비판에 기뻐한다

사람들에게 갈채를 받는 건 기분 좋은 일이다. "당신은 훌륭하다"는 말을 들으면 자존심도 서고, 만족감도 느끼게 되기 때문이다.

하지만 그러한 쾌감에 도취되어 헤어나지 못하는 것만큼 허무한 일도 없다. 갈채로 오만해지면 더는 발전하지 못한다.

플라톤은 자신의 제자 중에 유일하게 아리스토텔레스만 인정했다고 한다. 플라톤의 제자인 동시에, 그의 가장 엄격한 비평가였기 때문이다. 우리 자신을 단련하고 갈고닦게 하는 것은 '대중의 갈채'가 아니라 '현자의 따끔한 한마디'이다.

결점을 지적하고 약점을 들쑤셔봤자
땡전 한 푼 돌아오지 않는다

당연한 말이지만, 뛰어난 사람에게는 배울 점이 많다. 그러나 결점투성이로 보이는 사람에게도 배울 게 있다는 사실을 알고 있는가.

결점만 보고 사람을 무시해서는 안 된다. 상대의 결점을 지적하고 약점을 들쑤셔봤자 땡전 한 푼도 돌아오지 않는다. 타인을 존중하고, 장점을 보기 위해 눈을 들어 보면 하다못해 세 살배기 어린아이에게서도 배울 것을 발견할 수 있다.

고마운 사람보다
필요로 하는 사람이 되어라

　현명한 사람은 항상 남들이 자신을 의지하고, 필요로 하도록 만든다. 그들은 사람들의 부탁을 전부 흔쾌히 들어 주지는 않는다. 감사하는 마음은 그 순간에만 반짝 생겨날 뿐, 금세 사라지게 마련이기 때문이다.

　샘물로 갈증을 달랜 사람이 바로 샘을 등지고 떠나가 버리는 것과 같다. 기대하는 마음이 없다면 호의와 감사는 순식간에 사라진다. 그러므로 감사하는 마음을 갖게 하기보다 기대하게 만드는 편이 훨씬 수확이 크다.

뭐든 제때 먹어야
본래의 맛을 즐길 수 있다

먹을거리에는 '제철'이 있다. 제철 음식은 맛있을 뿐 아니라 몸에도 좋다. 그래서 제철 음식만 먹어도 병에 걸리지 않는다.

제철이 되기 전에 먹는 음식은 미숙하고 부족하다. 또한 제철이 지나면 너무 익어 맛이 떨어진다. 제철은 보통 열흘 정도의 아주 짧은 기간이다. 이 최고의 시기를 놓치지 않고 제때 먹어야 본래의 맛을 즐길 수 있는 것이다.

음식뿐만이 아니다. 사람도 마찬가지다.

편한 것에 맛들리면
비참한 인생이 되기 십상이다

편한 걸 먼저 찾고, 힘든 일은 뒤로 미루는 사람들이 많다.

하지만 젊을 때 편한 것에 맛을 들였다가 인생 후반에 비참해지는 사람을 많이 봤다.

고생한다는 것은 경험을 쌓는 것이다. 고생하면서 새로운 지식을 얻거나, 기술을 갈고닦거나, 단련을 거듭함으로써 자신의 가능성을 넓힐 수 있다. 말하자면 행복해지기 위한 준비를 하는 것이다.

젊은 시절에 고생을 맛보는 것이 나은가, 아니면 늙어서 고생하는 것이 나은? 답은 너무나 뻔하다. 인생은 시기에 맞춰 전략적으로 살아야 하는 것이다.

새로운 것은 시선을 끌기 쉽지만 결코 오래가지 않는다

'새롭다'는 이유만으로 사람들의 시선을 끄는 것은 상품이건 사람이건 똑같다.

새로운 사람은 관심의 대상이 된다. 매해 새롭게 출시되는 포도주, 보졸레 누보는 이른바 '신상품'의 대표로 대접받는다.

신상품과 제철은 계절감을 중요시한다는 점에서 비슷하다.

하지만 포도주를 제철에 맛보는 건 맞지만, 신상품은 호기심이다. 철저히 즐거움에 바탕을 두고 있다.

새로움에서 오는 인기는 결코 오래가지 않는다. 알맹이 없이 우쭐대는 모습을 보면 주위 사람들은 금세 질려 거들떠보지도 않게 될 것이다.

일직선으로 나는 새는
총에 맞기 딱 좋다

늘 똑같은 행동 패턴이지는 않은가? 가끔씩은 행동에 변화를 줄 필요가 있다. 언제나 단순한 행동만을 반복하는 것은 좋지 않다. 우리를 지켜보는 적들이 단조로운 행동 패턴을 파악하고, 그 허점을 노릴 것이 뻔하니까.

일직선으로 나는 새는 쉽게 총에 맞지만, 곡선을 그리며 나는 새는 맞추기 어렵다. 악의적인 사람들은 세상 구석구석에 숨어 있다. 이들을 피하기 위해 허구한 날 남의 눈을 속일 궁리만 하고 살 수는 없지만, 삶의 재치는 필요하다.

말은 짧게 할수록 좋다

　현명한 사람은 쓸데없는 잡담으로 번거롭게 하지 않는다. 좋은 말은 짧게 하면 더욱 좋아지고, 나쁜 말도 짧게 하면 그보다 더 나빠지지는 않는다. 물 한 양동이보다 와인 한 잔이 더 값비싼 것과도 같다.

　명언집에 실린 금언은 모두 짤막하다. 지혜가 간결하게 응축되어 있기 때문이다. 어리석은 사람일수록 말을 장황하게 늘인다. 말하는 요령이 없어서가 아니라, 말에 알맹이가 없기 때문이다. 쓸데없는 말을 줄줄이 늘어놓는 사람은 남들에게 거치적거릴 뿐이다.

운세는 나의 재능을 살려 주는 북극성과도 같다

누구나 자신에게 맞는 것이 있고, 맞지 않는 것이 있다. 배우로서의 능력은 없는 대신 학자로 성공한 사람이 있고, 자국에서는 출세하지 못하다가 외국에 나가서 눈부시게 활약하는 사람도 있다.

재능은 쉽게 변하지 않는다. 대신 시기나 장소, 지위에 따라 변할 수 있다. 이를 결정하는 것이 바로 운세이다. 따라서 자신의 재능이 무엇인지를 아는 것도 중요하지만, 재능을 살릴 수 있는 운세를 아는 것 또한 중요하다.

운세는 여행객이 방향을 잡을 수 있도록 하는 북극성과도 같다. 놓쳐서는 안 된다. 자신의 운세를 제대로 볼 수 있도록 돕는 북극성이 어디에 있는지, 마음을 집중해 찾아야 한다.

모든 일에는 양면성이 있다

칼을 쓸 때 날 부분을 쥐는 사람은 없을 것이다. 손잡이를 잡고 써야 편리한 도구가 된다.

같은 일이라도 시각을 바꾸면 전혀 다른 것이 된다. 자신에게 일어난 일을 불행이라고 생각하는 사람이 있는가 하면, 행운이라고 생각하는 사람도 있다. 어두운 면만 보는 사람에게 빛나는 인생은 없다. 밝은 면을 보는 이의 앞에는 멋진 인생이 기다리고 있다.

무슨 일이든 자신에게 득이 되는 부분과 실이 되는 부분이 있다. 득이 되는 부분을 발견해서 최대한 자신에게 도움이 되도록 활용하는 것이 현명한 사람의 처사다.

지금, 이 시간을
어디에 쓰고 있는가?

시간은 누구에게나 공평하다. 돈이 있는 사람도 없는 사람도, 집이 있는 사람도 없는 사람도 결국 누구나 같은 시간 안에서 살아간다.

귀중한 시간을 별일 아닌 자잘한 고민으로 소모하는 것은 너무나도 아깝다. 짐 덩어리를 안고 끙끙대는 동안 정신은 피폐해지고, 명줄도 줄어드니 제발 그러지 말자.

하지만 앎을 추구하는 것은 다르다. 많이 알면 알수록 우리의 머리는 더욱 현명해지고 정신은 더욱 풍요로워진다. 앎이 있는 곳에 인생의 기쁨이 있다.

인생의 첫 무대는
누구에게나 넘기 힘든 허들이다

누구나 언젠가는 인생의 '첫 무대'를 맞이하게 된다.

이때 가장 필요한 것은 '현재 자신의 능력을 냉정하게 평가하는 것'이다. 혹여 첫 무대에서 실패를 경험한다 해도, 이렇듯 마음의 준비가 되어 있으면 희망이 고뇌로 바뀌지는 않는다. 의욕을 잃지도 않는다. 꿈이라는 허들은 현재 자신의 실력에서 서서히 높여야 하는 법이다.

어떠한 경우에도 좌절하지 않고 강하게 살아가는 힘을 기르려면, 먼저 자신의 실력을 올바르게 평가하도록 하자.

목표와 희망을 가진 사람은
좌절하지 않는다

목표를 향해 첫 걸음을 내딛는 사람의 마음은 성장하게 마련이다. 한 발짝씩 걸음을 뗄 때마다 마음은 한층 단단하게 무르익어 간다.

희망을 향해 전진하는 사람에게는 쓸데없는 생각이 들어올 틈이 없다. 그의 마음은 희망으로 점점 빛을 발하게 된다.

이렇게 목표와 희망을 동시에 가진 사람은 노력을 아끼지 않는다. 실패하더라도 좌절하지 않는다. '하면 된다!'는 의지와 자신감으로 다시 일어설 수 있는 것이다.

인생의 고수는
자신만의 무기가 있다

복잡한 세상, 빈손으로 나서기엔 어딘가 불안하다. 어떤 상황에 놓이더라도, 어떤 적을 만나더라도 대처할 수 있는 무기가 필요하다.

가장 유용한 무기는 '판단력'이다. 날카롭게 단련한 맑은 판단력이 있다면, 먼 길을 돌아가느라 시간이나 체력을 낭비하지도 않을 것이고, 위기를 미리 간파할 수도 있다.

인생의 고수는 여러 가지 무기를 가지고 있는 사람이다. 경우에 따라 기지를 발휘할 수 있는 '유연성', 적도 회유할 수 있을 만한 '위트', 상대방을 내 편으로 만들기 위한 '우아함' 등.

이런 무기를 가지고 있는 사람에게 세상은 두렵지 않다.

마음은 이미 정답을 알고 있다

취직, 결혼 등과 같은 인생의 큰 고비에서 우리는 무엇을 기준으로 판단을 내려야 할까?

정답은 이미 마음속에 있다. 평소에 잘 단련해 둔 마음은 언제든 우리의 든든한 편이 되어 줄 것이다.

다른 사람의 도움을 너무 믿지 말라. 점이나 예언자의 말에도 의지할 것 없다. 가장 믿어야 할 사람도, 최종적인 결단을 내려야 할 사람도 나 자신이다.

우리의 마음은 언제나 정답을 알고 있기에, 어떤 역경을 만나도 잘 극복할 수 있다.

그러므로 마음의 소리에 귀 기울여 보자. 틀림없이 힘이 되는 대답을 해 줄 것이다.

아무리 훌륭한 자질이라도
갈고 닦아야 장점이 된다

공원 숲에 가면, 나뭇잎 사이로 떨어지는 햇살을 보며 사계절의 변화를 즐길 수 있다. 하지만 이런 숲도 사람의 손길이 닿아 아름다운 것이다. 손질을 게을리한다면 햇빛 한 점 들지 않는 어두컴컴한 곳으로 변해 버릴 것이다.

당신이 아무리 훌륭한 자질을 갖췄어도, 그냥 내버려 둔다면 쓸모없는 자질에 불과하다.

타고난 자질도 끊임없이 갈고닦아야 장점이 된다.

실수나 거짓말을 했다면
곧바로 반성하라

사람은 누구나 실수하게 마련이다.

실수했다는 사실을 깨달았다면 곧바로 뼈저리게 반성하고 폐를 끼친 사람들에게 사과하라. 잘못을 은폐하거나 얼버무리려고 하면 파장은 더 커질 뿐이다.

거짓말도 마찬가지다. 한번 거짓말을 하면 들키지 않기 위해 또 다른 거짓말을 하게 된다. 그러다 결국은 감당할 수 없는 큰 거짓말을 하게 된다.

현명한 사람은 같은 실수를 두 번 반복하지 않는다. 실수나 거짓말을 했더라도 곧바로 자신의 잘못을 고친다면 사람들의 호의를 얻을 수 있지만, 제때 끊어내지 않고 질질 끌면 어리석은 사람이라는 평을 피할 수 없게 된다.

혀를 잘 다루는 것이
인간관계의 핵심이다

혀는 통제하기 어려운 짐승과 같다. 한번 통제에서 벗어나면 좀처럼 다시 붙잡기 어렵다. 입을 가볍게 놀려서는 안 되는 이유가 그것이다. 말을 함부로 하는 사람은 경박한 사람이라는 딱지가 붙고, 결국 신용을 잃게 된다. 사람의 인격은 그의 말을 통해 알 수 있는 법이다.

자기 혀는 자기가 책임지고 관리해야 한다. 마구 날뛰지 않도록 확실히 제압하고, 상황에 맞게 잘 다스려야 할 것이다. 혀를 잘 다루는 것이야말로 원만한 인간관계의 핵심이고, 신뢰를 얻는 비법이다.

재능을 살짝 숨겨
호기심을 갖도록 하라

재능이란 세상과 사람들을 위해 쓰이고, 많은 이에게 인정을 받아야 가치가 있는 것이다.

그러므로 '홍보'라는 빛을 쬐어야 비로소 빛을 발하기 시작한다. 그러나 유치한 방법을 사용했다가는 죽도 밥도 안 되는 수가 있다.

넌지시, 품위 있게 하는 것이 좋다. 과장하면 오히려 역효과를 불러올 뿐이다.

일부를 살짝 숨겨 호기심을 자극하는 건 어떤가? 그러면 사람들은 당신이 가진 재능이 얼마나 큰지 궁금해서 안달이 날 것이다.

현실도피를 위해
운명이라는 이름을 빌리지 마라

매사 '이것도 운명이지' 하고 체념하지 말자.

무슨 일이 생기건 다 '운명'이라는 말로 넘어간다면 마음은 편할 것이다. 그러나 해결되는 일은 아무것도 없다. 문제의 원인을 찾지 않고 그냥 방치할 뿐이니, 상황은 점점 더 악화된다. 그러다 결국 돌이킬 수 없는 지경에 이르면, 손을 쓸 수 없을 것이다.

문제의 원인을 찾는 건 힘든 일이다. 하지만 용기를 갖고 정면에서 바라보면, 해결의 실마리는 보이게 마련이다.

운명은 난공불락의 아성이 아니다. 용기를 무기 삼아 스스로의 힘으로 개척할 수 있는 것이다.

인생은 7년 주기로
새로운 능력을 요구한다

사람은 7년마다 큰 변화가 나타난다.

지금까지 살아온 궤적을 돌아보면 정신적, 육체적, 사회적으로 큰 전환점이 있었다는 걸 깨닫게 될 것이다.

태어난 지 7년이 지나면 이성이 나타나는데, 이후로도 14년, 21년, 28년 식으로 7년마다 새로운 능력을 요구한다.

그러나 '7년 주기의 변화'는 어느 날 갑자기 찾아오는 것이 아니다. 우리도 모르는 사이에 7년 동안 서서히 변화한다.

우리는 자연스럽게 7년의 기간 동안, 몸과 마음의 허물을 한 번씩 벗어야 한다. 새로운 자신으로 거듭나지 못하면 주어진 상황과 자리를 지킬 수 없다.

034

기회의 여신은
인내한 사람에게만 미소를 짓는다

비범한 재능을 갖고 있다고 해서 반드시 성공하리란 보장은 없다. 재능의 꽃은 주인이 어떻게 키우느냐에 따라 아름답게 피어나기도, 꽃봉오리째 시들어 버릴 수도 있다. 재능의 꽃으로 운명이라는 황무지를 아름답게 가꾸기 위해 필요한 것은 강인한 정신이다.

성공으로 가는 길은 멀고도 험하다. 큰 목표에 도달하려면, 그에 상응하는 시간과 끈기를 들여야 한다.

호들갑 떨지 말고, 묵묵히 힘을 축적하자. 기회의 여신은 아득할 정도로 긴 시간을 인내한 사람에게만 미소를 짓는다.

시작하면
무조건 끝을 맺어라

스스로 의지를 갖고 무언가를 시작했다면, 적어도 중도에 포기하지는 말자.

아무리 뛰어난 아이디어라도 머릿속에만 갖고 있으면 쓸모가 없다. 실천에 옮기고 마지막까지 제대로 해냈을 때, 비로소 그가치를 평가받을 수 있는 법이다.

사냥감을 막다른 곳에 몰아넣었다고 해서 다 잡았다고 할 수는 없다. 끝까지 쫓아가서 숨통을 끊어 놓아야 '사냥'이라고 할 수 있다. 일을 시작하고 끝맺는 것도 사냥과 마찬가지다.

하나의 일을 완성하면 다른 여러 가지 좋은 것이 따라오게 마련이다. 완성된 결과물을 주위 사람들이 높게 평가한다면, 다음 의뢰가 계속 들어올 가능성이 높아질 것이다. 무엇보다도 '내가 해냈구나!' 하는 성취감을 느낄 수 있다. 다음 작업을 위한 에너지로 그것만큼 좋은 게 없다.

재능은 당신이 발견해 주길
목이 빠져라 기다리고 있다

타고난 재능을 제대로 살려야 성공할 수 있다. 제아무리 훌륭한 재능도 제때 발휘하지 못하면 점차 무뎌진다. 어떤 이는 자신에게 재능이 존재하는지조차 모르고 살아간다. 이들에게 재능은 그저 '돼지 목에 진주 목걸이'에 불과할 뿐이다.

재능은 누구에게나 존재한다. 자기 자신이 평범해 보인다고 스스로를 비하하지 말자. 당신 안에 잠자고 있는 재능은 지금도 빛을 볼 날을 목이 빠져라 기다리고 있다.

재능을 최대한 살리고 싶다면
먼저 부족함을 찾아라

훌륭한 재능을 가지고 있는데도 제대로 발휘하지 못하는 사람이 종종 있다. 용기가 없어서 앞으로 한 발짝 내딛는 것을 두려워하거나, 사교성이 부족해서 사람들 앞에 잘 나서지 못한다면 그렇게 될 가능성이 크다.

재능을 최대한 살리고 싶다면, 먼저 자신에게 부족한 부분을 찾아야 한다. 결점을 인정하고, 그것을 극복할 방법을 끊임없이 고민하고 시도해 본다면 언젠가는 자신의 잠재력을 최대한으로 끌어낼 방법을 찾을 수 있을 것이다.

육체는 껍질,
배움은 알맹이다

'배우지 않으면 바보가 된다'는 말은 틀린 말이다. 엄밀히 말하자면, '배움을 게을리하면 바보로 살게 된다'고 하는 것이 맞다. 갓 태어난 아기에게 아무것도 가르치지 않으면 손쓸 방도가 없는 야만인이 되고 만다. 사람은 배움을 통해 사람다워지는 것이다.

배움을 알맹이라고 한다면, 육체는 껍질과 같다. 좋은 과일을 고를 때는 맛뿐만 아니라 형태와 빛깔도 중요하게 본다. 육체도 마찬가지로, 남이 보기에 우아하고 아름답게 갈고닦을 필요가 있다.

교양을 갖추면 현명한 사람이, 지식을 갖추면 지식인이, 우아함을 갖추면 어디에 나가도 부끄럽지 않은 고상한 신사 숙녀가 될 수 있다.

039

진짜 재능 있는 사람은
자신의 재능을 숨긴다

진짜 재능이 있는 사람은 자기 재능을 과시하지 않는다. 오히려 사람들 눈에 띄지 않게 숨기려 든다. 굳이 어필하지 않아도 다른 사람들이 칭찬해 주기 때문이다.

"나는 대단해", "뛰어난 재능을 갖고 있어"라고 태도나 말로 과시하면, 틀림없이 주위 사람들에게 비웃음을 사게 될 것이다.

별로 대단하지도 않은 장점을 뛰어난 재능인 양 부풀리는 것도 금물이다. 마술을 보여 주면서 트릭을 전부 떠벌리는 셈이니, 사람들이 보기에는 그저 코미디일 뿐이다.

순진한 당신을 위한 예리한 지혜

전문가는 한 가지에
정통한 사람이다

이 세상의 모든 지식을 완벽하게 다 익힐 수는 없다. 아무리 세기의 천재라 하더라도 불가능하다.

중요한 것은 양이 아니라 질이다. 얕고 넓기만 한 지식으로는 어떤 분야에서도 평범한 수준에 머무를 수밖에 없다. 남들보다 뛰어난 수준에 이르고 싶다면 하나의 길을 정해 놓고 끝까지 파고들어야 한다. 자기 분야에서 "이건 나만 할 수 있는 일이다", "이것만큼은 그 어느 누구에게도 뒤지지 않는다"라고 말할 수 있을 만큼 노력한 자만이 '전문가'의 타이틀을 달 수 있는 것이다.

공명정대한 사람은
완전히 자유롭다

공명정대하다는 것은 큰 덕을 갖추었다는 뜻이다. 또한 아무 것도 두려워하지 않고 용기를 내어 맞설 수 있다는 뜻이기도 하다.

공명정대한 사람은 무엇에도 얽매이지 않고 완전히 자유롭다. 따라서 완성된 인간의 형태에 한없이 가까워질 수 있다. 후회 없이 충실한 일상생활을 보낼 수 있다는 것은 공명정대한 사람의 가장 큰 장점이다.

타고난 재능이나 개성은 공명정대한 태도로 인해 더욱 빛을 발한다. 많은 사람이 그 빛에 이끌려 당신을 주목할 것이다.

악한 목적으로 쓰이는
지성과 재능만큼 무서운 건 없다

아무리 뛰어난 지성과 빛나는 재능을 갖고 있더라도 제대로 써먹어야 가치가 있다.

잘 드는 식칼이 있다 치자. 솜씨 좋은 요리사가 이 칼을 쓴다면 훌륭한 요리를 만들어 낼 테지만, 요리와 담 쌓은 사람은 제대로 식재료를 썰기는커녕 도리어 심하게 다칠 수도 있다. 생각하기도 싫지만, 사악한 목적을 가진 사람이 이 칼을 들게 되면 사람을 여럿 해할 수 있는 위험한 흉기가 될 수도 있다.

악한 목적으로 쓰이는 지성이나 재능만큼 무서운 건 없다.

지혜로운 사람에게 도움을 요청할 줄 아는 사람이야말로 지혜로운 사람이다

일이 잘 풀리지 않거나, 어딘가 1퍼센트가 부족하여 답답할 때 도와주는 것이 바로 '지혜'다. 그러나 길바닥에 굴러다니는 돌멩이 줍듯 지혜를 손쉽게 얻을 수 있다고 생각한다면 큰 오산이다. 풍부한 지혜를 갖고 있는 사람은 정말이지 소수에 불과하다.

지혜로운 사람은 자신의 지혜를 다른 사람과 나눌 줄 알아야 한다. 상대가 무엇을 필요로 하는지를 정확하게 파악한 뒤, 신중하고 친절하게 이끌어 주면 된다.

그러한 지혜가 내게는 없는 것 같다고? 전혀 겁먹을 것 없다. 지혜가 있는 옆 사람에게 도움을 요청하면 된다. 단, 일단 충고를 들을 거면 정말 진지하고 열성적인 태도로 받아들여 그대로 행하도록 하자.

혼자 떠들어 대는 지식보다
세상에 도움이 되는 상식이 훨씬 낫다

우리는 왜 지식을 익힐까?

적금마냥 산더미처럼 쌓아 놓기만 하고 혼자서 소중하게 간직해 봤자 아무 의미가 없다. 누가 들어 주는 것도 아닌데 혼자 신나서 여기저기 잘난 척 떠들고 다니는 것도 웃긴 일이다. 시시한 헛소리를 늘어놓기 위해서 지식을 익히는 건 아니니까.

지식은 실용적으로 도움이 될 때 비로소 가치가 생긴다. 세상에서 일반적으로 인정되고 통용되는 것이 진짜 지식이라고 할 수 있다.

불필요한 지식을 떠들어 대는 사람은 외면당하지만, 꼭 필요한 지식을 갖춘 사람은 사회에 반드시 도움이 된다.

어리석다는 것을 모르는 사람은
갈수록 더 어리석어진다

지혜로운 사람은 지혜가 얼마나 소중한지 잘 안다. 책을 수없이 읽고, 다른 이의 조언을 구하기를 망설이지 않는 것은 더욱 많은 지혜를 얻기 위한 노력이다.

어리석은 사람은 스스로가 어리석다는 사실을 깨닫지 못한다. 오히려 모르는 것을 다 알고 있다고 여겨 다른 사람의 가르침을 구하려 하지 않으니, 점점 더 어리석어질 수밖에 없다.

성장하고 싶다면, 우선 자신이 어리석다는 사실을 인정해야 한다. 그러면 무엇이 부족하고 무엇을 배워야 하는지 저절로 알게 될 것이다.

2장

적을 만들지 않는
사람들의 무기

단점은 어디까지나 그 사람의 일부분일 뿐이다

철학이 밥을 먹여 주지는 않지만,
인생을 풍요롭게 해 준다

철학은 거짓말을 논파하는 기술이다. 철학을 이해할 수 있으면 어떤 거짓말에도 넘어가지 않는다.

하지만 요새 철학책 읽는 사람이 얼마나 되겠는가. 사색을 하거나 사상을 갖는 것조차도 대수롭지 않게 여기는 것이 요즘 세상이다.

철학이 밥 먹여 주냐고? 물론 그렇지는 않다. 하지만 마음의 배는 채울 수 있다.

눈에 보이지 않고 실체가 없기는 하지만, 인생을 보다 풍요롭게 살기 위한 양분으로 철학만 한 것이 없다.

세상의 모든 것이 변하더라도
언행은 늘 한결같아야 한다

1분 1초마다 변화하는 것도 있지만, 언제나 변함없어야 하는 것도 있다. 나만의 주의나 주장, 그리고 이에 동반되는 행동은 늘 한결같아야 한다.

그러나 특별한 이유가 있는 것도 아니면서 말과 행동을 손바닥 뒤집듯 뒤집는 이들이 종종 있다. 어제 한 말과 오늘 한 말이 다르질 않나, 귀가 얇아 주위의 의견에 쉽게 휩쓸리질 않나, 강한 자의 말 한마디에 아무 불만 없이 따르지를 않나. 남의 말에 따라 이리저리 방향을 바꾸는 꼴이 마치 지붕 위의 풍향계처럼 종잡을 수 없다.

이런 사람들은 스스로 자신의 명예에 흠집을 내고 있는 것과 다름없다. 말이나 행동에 일관성이 없는 사람을 어떻게 신용할 수 있겠는가.

승낙과 거절은
천천히 할수록 좋다

    무언가를 승낙하거나 거절할 때는 충분히 고민한 다음이어도 늦지 않다. 상황을 제대로 파악하기도 전에 쉽사리 답을 주었다가 돌이킬 수 없는 사태에 휘말린다면 나만 손해다.

    생각할 시간을 충분히 주지 않고 당장 결단을 내리기를 재촉하는 것은 사기꾼들의 상투적인 수법이다.

    결정에 티끌만큼의 불안 요소도 없다면 무슨 문제가 되겠는가. 하지만 조그마한 의심이나 망설임이 마음속에 남아 있다면, 잠시 멈추고 다시 생각해 봐야 한다. 주어진 상황에 적당히 타협해서 결정을 내린다면, 그 대가는 생각보다 훨씬 무겁게 나를 짓누를지도 모른다.

049

궁지에서 탈출할 가장 좋은 방법은
느긋함이다

인생이라는 항로에는 생각지도 못한 위험이 곳곳에 도사리고 있다.

제대로 준비도 안 된 상태에서 "일단 첫발부터 내딛고 보자!"는 식으로 출발한다면 그 끝은 불 보듯 뻔하다.

평탄해 보이는 길이라도 긴장을 늦추지 말자. 때로는 생각지도 못한 돌풍을 만나 발이 묶이기도 하고, 재난에 휘말려 만신창이가 될 수도 있다.

그러므로 사전조사는 빈틈없이 신중하게 해야 한다. 막다른 길을 맞닥뜨렸을 때는 멈추고 돌아설 수 있는 과감한 용기도 필요하다.

궁지에 몰려 있다면 마음을 가라앉히고 천천히 주위를 둘러보라. 그곳에서 탈출할 수 있는 실마리가 틀림없이 있을 것이다. 초조해하지 말고 상황을 느긋하게 검토할 수 있는 냉정함이 필요하다.

진실을 말할 때는
살짝 돌려 말하는 게 좋다

진실은 마치 잘 듣는 약과 같다. 깊은 수렁에서 헤어나지 못하는 이를 구원할 수도 있고, 칠흑 같은 어둠 속에서 죄책감에 몸부림치는 이에게 빛을 되찾아 줄 수도 있다.

하지만 좋은 약이 입에 쓰듯, 진실도 직설적으로 내뱉는다면 상대방이 큰 충격을 받을 수도 있다. 그러므로 진실을 알릴 때는 쓴맛을 조금이라도 완화시키기 위해 단맛을 첨가하는 게 좋다.

살짝 돌려 말하거나 비유를 사용한다면 상대도 크게 거부반응을 일으키지는 않을 것이다. 이미 지나간 일을 이야기하듯 간단하고 정중하게 전하는 것이 좋다.

예리한 통찰력은
현대 생활의 필수품이다

　하나를 들으면 열을 알거나, 빙산의 일각을 보고 전체를 단번에 파악하는 사람을 가리켜서 '통찰력이 있다'고 한다. 이런 사람은 상대방의 생각을 순식간에 읽어 내고, 상대방의 목적을 한 치의 오차도 없이 알아맞히곤 한다.

　진실 뒤에 숨겨진 거짓을 간파하고, 오고가는 대화 속에서 상대의 본심을 찾아낼 수 있는 능력이 통찰력이다. 모두가 그런 통찰력을 가질 수 있냐고? 물론이다.

악의적인 공격에서 살아남는 길은
난투극으로 맞서는 것이다

살아가는 데 있어서 특히 성가신 것 중 하나가 사람이 지닌 악의다.

악의를 갖고 접근하는 사람은 수단과 방법을 가리지 않는다. 그럴싸하게 위장해 사기를 치고, 생각지도 못한 방향에서 갑자기 공격하는 것이 그들의 상투적인 수법이다.

이런 악의로부터 자신을 보호하기 위해 온갖 준비를 다해 대비하더라도 교묘한 덫을 치며 집요하게 접근해 온다면 싸워야 한다. 오히려 한 수 위의 덫을 만들어 허를 찌르는 전법을 구사해야만 한다. 난투극도 불사하라.

싫어도 현실에서 살아남기 위해서는 피할 수 없는 길이기도 하다. 중요한 것은 그 와중에도 자신의 목표를 잃지 않는 것이다. 방향만 확실하게 잡혀 있다면 그 어떤 싸움도 두렵지 않을 것이다.

정직한 것과 고지식한 것은 다르다

정직하고 온화한 성격의 소유자는 다른 사람의 마음까지 편안하게 한다. 이런 사람들 주위에는 많은 이가 모여들게 마련이다. 자신을 편안하게 해주는 사람에게 이끌리는 것은 누구나 똑같으니까. 하지만 개중에는 그런 성격을 이용해 먹으려는 자들도 있다.

그래도 정직하라. 사기꾼조차 결국에는 정직한 사람에게 머리를 숙인다. 그러나 꽉 막힌 고지식한 사람은 되지 마라. 그들은 너무나 쉽게 사기꾼의 먹잇감이 된다.

악인에 대항하기 위해서는 약삭빠르게 구는 것도 중요하다. 자연계의 동물들은 이 방법을 이미 터득했다. 적의 공격을 피하기 위해 주변 색에 맞춰 스스로의 몸을 위장하는 것은 예사다. 평소에는 그늘에서 가만히 숨을 죽이고 있다가, 먹잇감이 사정거리에 들어오면 불시에 공격하는 녀석도 있다. 살아남기 위해서는 뱀 같은 교활함과 비둘기 같은 온화함이 동시에 필요하다.

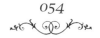

가면을 써야 할 때도,
맨얼굴로 살아야 할 때도 있다

있는 그대로 살 수만 있다면 얼마나 편하겠는가. 하지만 세상살이가 그렇게 호락호락하지는 않다. 여러 개의 가면을 준비해 때에 따라 바꿔 써야 할 만큼 복잡한 것이 세상이다.

그러나 늘 가면을 쓴 채 살아갈 수만도 없다. 자신의 진실된 모습을 아무도 이해해 주지 않게 될 테니까.

가면은 어디까지나 예의를 차리기 위한 것이다. 때와 장소에 맞는 가면을 골라 쓰면 된다. 중요한 행사를 앞두고 예복을 갖춰 입는 것과 마찬가지다.

공식적인 자리에서는 가면을 쓸 수도 있겠지만, 인간 대 인간으로 대면할 때는 맨얼굴을 보이는 것도 나쁘지 않은 선택이다.

청량음료도 너무 많이 마시면
더부룩하다

팽팽한 분위기의 긴장되는 상황 속, 누군가가 적절한 템포로 유쾌한 농담을 던진다. 모두들 웃으면서 마음이 풀어진다. 이렇듯 매끄럽게 치고 들어가는 농담은 '한 모금의 청량음료'와 같다.

다만 청량음료는 어디까지나 청량음료일 뿐이다. 입에 늘 달고 산다면 오히려 속만 더부룩해진다. 피곤할 때 가끔씩 들이켜야 효과가 극대화되는 것이다.

사람의 진가는 성실하고 진지한 말과 행동에 달려 있다는 사실을 잊지 말자. 시답잖은 말장난이나 가벼운 농담을 연발하는 사람은 서서히 신용을 잃고 말 것이다.

지나침은 모자람만 못하다

모든 일에는 정도가 있다. 정도에 못 미쳐도 안 되겠지만, 정도가 지나치는 것은 오히려 모자람만 못하다.

무슨 일을 하건 정도를 지키는 것이 중요하다. 정의가 과하면 도리어 악이 되고, 도를 넘은 용기는 무모함이 되고, 과도한 친절은 오히려 참견이 되고, 세련됨이 지나치면 촌스러워지게 마련이다.

젖소의 젖을 짤 때 너무 세게 힘을 주면 우유에 피가 섞여 못 먹게 된다. 맛있는 우유를 마시고 싶다면 적당히 힘을 조절할 줄 알아야 할 것이다.

정도를 걷는 사람만이
신용을 얻는다

가끔씩 과격한 말로 사람들의 주목을 끌려는 이를 볼 수 있다. 자극적인 말을 들으면 무의식적으로 귀를 기울이게 되기 때문에, 그 순간에는 효과가 있을지도 모른다. 하지만 그게 끝이다. 관심을 끌겠다고 과격한 말을 계속하다 보면, 점차 드러나는 밑바닥에 다들 질려서 떠나가고 말 것이다.

희한한 주장을 하거나 기행을 반복하는 것은, 사실 자신감이 없다는 증거이다.

말은 신중하고 올바르게, 행동은 성실하게 하자. 정도를 걷는 사람만이 신용을 얻는 법이다.

058

가짜는 어떻게 포장해도
예쁜 가짜일 뿐이다

물건에 '진퉁'과 '짝퉁'이 있듯, 사람도 '진실된 사람'과 '허황된 사람'이 있다.

진실된 사람은 자신의 기초를 확실히 다지고 노력으로 인격을 쌓아 올린다. 이렇게 만들어진 그의 인격은 좀처럼 붕괴되지 않는다.

허황된 사람의 인생은 모조리 거짓투성이이다. 기반이 없으면서 대단한 기반이 있는 것처럼 떠벌린다. 부족한 부분은 화려한 장식으로 감춘다. 거짓이 탄로 나겠다 싶으면 더 큰 거짓말로 무마하려 든다.

하지만 이런 행동이 계속되면 언젠가는 그 껍질이 벗겨지고 말 것이다. 속에 들어 있는 것은 아무짝에도 쓸모없는 쭉정이일 뿐이다.

가짜는 아무리 예쁘게 포장해 봤자 가짜다. 절대 진짜가 될 수 없다.

불만도 만족도
입 밖으로 내지 마라

불만을 터트리지 마라. 입 밖으로 낸다고 해서 불만이 해소될까? 천만에. 스스로를 더욱 구석으로 몰아넣으면 몰아넣었지, 결코 해소되지 않는다.

너무 만족하지도 마라. 자신의 한계를 스스로 규정하는 꼴이니까. "이 세상에 나보다 나은 사람은 없어. 그러니까 굳이 더 노력할 필요가 없잖아?" 같은 식의 과신을 하다가 망신당하지나 않으면 다행이다.

자신의 가치를 올바르게 평가할 줄 알아야 한다. 날마다 정진하여 자신에 대한 평가를 높이면 된다. '과신'이 아닌 '자신감'은 이렇게 생겨난다.

주변을 적으로 가득 채우고 싶다면 욕심을 부려라

자기 욕심을 채우기에만 급급한 사람은 적을 만들기 쉽다.

세상은 혼자 사는 것이 아니다. 내가 원하는 것이 있듯 남들도 원하는 것이 있다. 타협으로 해결할 생각을 하지 않고 서로 자신의 욕망만 밀어붙이면 싸움이 날 수밖에 없다.

이기심은 마음의 군살이다. 이기심에 사로잡히면 이성을 잃고 제멋대로 행동하기 십상이다. 자기 욕심을 채우고자 비겁한 수단도 마다하지 않고, 잘못을 저질러도 반성하지 않는다. 남에게 상처를 입혔으면서도 죄책감을 느끼지 않는다. 인간성은 엿바꿔 먹은 셈이다.

주위가 온통 적으로 가득한 상황에 처하고 싶지 않으면, 이기적인 욕심부터 버려라.

유리 같은 사람보다는
다이아몬드 같은 사람이 되자

유리처럼 깨지기 쉽고, 쉽게 상처받는 섬세한 신경을 가진 사람이 있다. 이들은 사소한 일에도 흥분하고, 별것 아닌 말에도 모욕감을 느끼고, 별 뜻 없는 태도를 오해하여 화를 내기 일쑤다. 온종일 "기분 나빠"라는 소리를 입에 달고 살면서 주위 사람들의 기분까지 엉망진창으로 만들어 놓는다. 이쯤 되면 섬세하다기보다는 오히려 사려가 부족하고 유치한 성격의 소유자일 뿐이다.

자신을 사랑하고, 타인을 사랑하며, 세상을 사랑하는 현명한 사람이 있다. 이런 사람의 마음은 다이아몬드처럼 견고하다. 스페인어로 '다이아몬드'를 뜻하는 단어는 'Diamante'인데, 여기서 앞의 두 글자만 빼면 '사랑하는, 사랑하는 사람'이라는 뜻의 'Amante'가 된다. 우연치고는 꽤 그럴싸하게 들어맞지 않는가.

실수의 대가는
'반성'과 '사과' 두 가지이다

살다 보면 실수할 수도 있다. 한 번도 실수를 안 해 본 사람은 없다.

다만 실수를 저지른 이상, 대가를 치러야 한다. 그 기본은 '반성'과 '사과', 이 두 가지이다. 이것만 기억해 두면 뒤이어 찾아올 문제들을 쉽게 해결할 수 있다.

돌이킬 수 없는 일을 저질렀다고 끙끙거릴 필요도 없고, 혼자서 책임지고 해결해야 한다는 의무감에 시달릴 필요도 없다. 우선 "미안합니다"라는 한 마디가 열쇠다.

한 가지 조심할 것. 실수를 저질러 놓고, '들키기 전에 고쳐 놓으면 되겠지' 하는 생각으로 대충 넘어갈 생각은 절대 하지 말자. 가장 어리석은 짓은 사과하기도 전에 변명부터 구구절절 늘어놓는 것이다.

잘잘못을 따지는 재판관보다는
죄지은 사람을 보듬는 어른이 되어라

　남의 잘못을 찾아내는 데 유난히 열을 올리는 사람이 있다. 작은 허점이라도 발견하면 마치 대역죄라도 저지른 양 몰아붙이거나, 온 세상에 고발하기도 한다. 그래 놓고 제 딴에는 '정의의 영웅'이나 '세상을 바로잡는 재판관'이라도 된 듯 의기양양해 한다.

　그러나 지나친 정의감은 오히려 죄악에 가깝다. 잘못을 저지른 사람의 입장이나 사정을 알아보지도 않은 채 정의 운운하는 자들은 별것 아닌 일을 어른들에게 고자질하는 어린아이와 다를 바가 없다.

　죄를 고발하기 전에 먼저 죄지은 사람을 잘 살펴보아야 한다. 그 사람의 심경이나 주위 상황을 충분히 고려한 뒤에 판단을 내려도 늦지 않다. 죄를 지은 사람을 용서함으로써 참다운 어른의 모습을 보인다면 금상첨화일 것이다.

단점을 극복하면
더 큰 장점이 된다

단점을 그대로 방치해 두면 안 된다. 얄궂게도 세상에는 남의 단점을 캐내는 것이 취미인 사람들이 있기 때문이다. 남의 약점을 빌미 삼아 협박을 하거나 파멸로 몰아가는 것을 인생의 낙으로 삼는 사람들의 덫에 걸려들어서는 안 된다.

단점은 잘만 극복하면 더 큰 장점으로 바꿀 수도 있다. 로마의 유명한 지배자 율리우스 카이사르는 다리가 불편했지만, 이를 극복하고 명예를 얻는 데 성공했다. 그러니까 만약 누가 자신의 단점을 지적하더라도 기죽거나 실망하지 말라. '이제 새로운 장점이 하나 늘겠구나'라고 생각하면 된다.

감정에 휘둘리는 사람은
자신을 전쟁터로 내모는 것과 다름없다

생각지도 못한 행운이 찾아오면 기쁨을 느끼고, 불리한 일을 겪으면 화가 나게 마련이다.

그러나 이성을 잃고 오로지 감정에만 휘둘리는 사람은 "날 잡아 잡수세요"라고 광고하고 다니는 것이나 다름없다.

외출할 때 옷을 안 입고 나가는 사람은 없다. 무방비 상태로 전쟁터에 나가는 건 목숨을 내놓는 짓이다. 악의에 찬 사람에게 이들은 좋은 먹잇감이다. 감정을 통제할 줄 아는 냉정함이 결과적으로 자신의 생명을 살린다.

분노가 자신을 삼키도록
내버려 두지 마라

분노는 광기와 통하는 면이 있다. 한번 거세게 타오른 분노의 불길은 쉽게 꺼지지 않는다. 분노의 불길이 주위의 모든 것을 잿더미로 만들기 전에 '이성'의 물줄기로 제압하라.

그러나 살다 보면 아무리 참으려 해도 화가 치솟을 수밖에 없는 경우가 있다. 이런 때도 이성이 분노를 진정시킬 수 있도록, 평소에 마음을 가다듬는 연습을 해 두어야 한다.

가장 필요한 것은 객관화이다. "지금 화를 내는 것은 평소의 내가 아니다. 일시적인 광기를 띤 다른 인간이다"라고 되뇌어 보자. 화가 나서 이성을 잃을지라도 '반드시 원점으로 돌아가야 한다'는 생각을 잊어서는 안 된다.

분노는 일시적인 것이다. 분노가 잦아들기 시작하자마자 원점으로 돌아올 수 있다면 일이 커지는 것을 막을 수 있다.

무식한 고집쟁이는
마주치지 않는 것이 최선이다

자신의 고집을 끝까지 밀어붙이는 사람이 있다. 밑바탕에 확고한 신념이 있다면, 사람들은 그 고집을 인정하고 좋게 평가한다. 하지만 잘못된 신념을 근거로 고집을 피우는 것이라면, 그저 우스꽝스러운 똥고집일 뿐이다.

무의미한 고집을 버리지 못하는 것은 스스로에게 자신이 없기 때문이다. 자신감이 없는 사람은 마음이나 생각에 여유가 없다. 그렇기에 자기에게 남은 것이라고는 이것뿐인 듯이 먹히지도 않을 고집을 부리는 것이다.

이들을 바로잡으려고 덤벼드는 것은 마른 지푸라기를 지고 불길에 뛰어드는 것만큼이나 어리석은 짓이다. 최선의 방법은 이런 고집쟁이들과 되도록 마주치지 않는 것이다.

미움의 원인은
별것 아닌 경우가 대부분이다

누군가에게 치명적인 공격을 받았거나 입에 담을 수 없을 만큼 모욕적인 폭언을 들었다면, 그를 미워하게 되더라도 아무도 탓할 사람이 없을 것이다. 하지만 대개는 별것 아닌 이유가 미움을 불러일으키곤 한다.

"그 녀석은 너무 건방져." "기껏 충고했더니만 무시했다 이거지." "나 말고 다른 사람을 고르다니." 이런 이유로 남을 미워하는 것은 그저 자기중심적인 사고방식 탓일 뿐이다.

미움이나 반감을 대놓고 드러내면 결국 자기 평판만 말아먹게 된다. '남 잡으려다가 나까지 잡는다'는 말이 있는데, 옛말에 틀린 것이 하나도 없다.

화를 내야 할 때 내지 않는 사람은
바보 얼간이다

부당한 취급을 받아도 분노하지 않고, 자존심에 상처를 입어도 그러려니 하는, '도대체 화를 낼 줄은 아는 건가' 싶은 사람이 있다. 모두 이런 사람을 가리켜 '사람 좋다'고 하지만, 사실 칭찬이 아니라 얼간이 취급하는 소리다.

화를 내야 할 때 화를 내지 않으면 사람들이 우습게 보고 경멸할 수 있다. 어지간해서는 화를 잘 안 내니, 무슨 짓을 해도 상관없을 거라는 생각을 품고 접근하는 악인도 종종 생긴다. 까마귀에게 온통 쪼여서 너덜너덜해져도 그저 우두커니 서 있는 허수아비와 다를 바가 없다.

타인의 단점만 찾아내는 사람은
불행하다

꿀벌은 벌집을 만들기 위해 꽃의 꿀을 모은다. 독사는 체내에 독을 축적하기 위해 일부러 독이 있는 것들을 먹는다. 사람 중에도 꿀벌 같은 사람과 독사 같은 사람이 있다. 행복한 삶을 살고자 한다면 독을 모으지 말고 꿀을 모아야 한다.

타인의 장점을 발견할 수 있는 사람은 행복하다. 스스로도 마음이 풍요로워질 뿐만 아니라, 상대방도 자신의 장점을 알아주는 것을 틀림없이 기뻐할 것이다.

타인의 단점만 찾아내는 사람은 불행하다. 장점에는 눈길도 주지 않고, 오로지 단점만을 물고 늘어져 소란을 피운다. 상대방의 기분을 망치거나 원한을 사는 것은 물론이고, 자신의 마음마저 거칠어지게 된다. 좋은 구석이라고는 하나도 없다.

사람을 제대로 평가하는 데는
시간이 걸린다

첫인상을 결정하는 데 필요한 시간은 고작 6초이다. 보이는 면만 갖고 판단하는 것에 불과한데도, 나중에 알고 보면 상당 부분 들어맞는 것이 참 신기하다.

다만 첫인상이 절대적인 것이 아니라는 사실만은 잊지 말아야 한다. 첫인상에만 집착하다 보면 시야가 좁아지고 다른 부분이 눈에 들어오지 않게 된다. '착할 것 같은 사람'이라는 첫인상에 너무 집착하다 뒤통수를 맞거나, '차가울 것 같은 사람'이라는 생각에 얽매이다가 그 내면에 숨어 있는 따스함을 읽지 못할 수도 있다.

사람을 제대로 평가하는 데는 시간이 걸린다.

단점은 어디까지나
그 사람의 일부분일 뿐이다

상대방이 갖고 있는 단점이 눈에 거슬릴 때가 있다. 그렇다고 해서 그걸 구실 삼아서 상대방의 인격 전체를 깎아내려서는 안 된다. 단점은 어디까지나 그 사람의 일부분일 뿐이지, 전체를 판단하는 기준이 될 수 없으니까.

솔직히 완벽한 사람이 어디 있겠는가? 누구나 단점 한두 가지씩은 있는 법이다. 그럼에도 사람들은 서로 관계를 맺으며 살아간다. 우리에게는 그런 단점을 덮고도 남을 장점이 수도 없이 많으니까.

그러니 남을 볼 때는 단점만 보려고 하지 말자. 단점까지 합쳐서 상대방을 포괄적으로 판단할 수 있는 사람이 현명하다.

073

유머는 사람의 마음을 이끄는
신기한 자석이다

중대한 문제를 논의하는 자리에 참여하면 지치게 마련이다. 몸과 마음이 녹초가 된 상태로 논의를 계속해 봤자 좋은 답이 금방 나올 턱이 없다. 논의의 초점을 잃고 이야기가 산으로 가지 않으면 그나마 다행이다.

이렇게 꽉 막힌 상태에서 숨 쉴 구멍을 뚫어 주는 것이 바로 유머다. 그러나 마음의 여유가 없으면 이런 상황에서 유머를 생각해 내기란 불가능하다. 마음의 여유야말로 사람의 마음을 이끄는 신기한 자석이다.

상상력은 나를 행복하게도,
불행하게도 할 수 있는 괴물이다

상상력이 가진 힘은 어마어마하다. 한 사람의 인생마저 좌우할 수 있다. 때로는 자유롭게 발휘할 수 있어야겠지만, 때로는 억제할 줄도 알아야 한다.

당신의 인생이 행복해질지, 불행해질지는 상상력이라는 괴물을 어떻게 길들이느냐에 달려 있다. 상상력을 잘 다룰 수 있게 된다면, 삶에 대한 만족도 또한 달라질 수 있다.

어떤 사람은 상상력 탓에 고통스러운 순간을 맞기도 한다. 반면 상상력을 통해 지금껏 겪어 보지 못했던 모험을 즐기며 끝없는 행복과 쾌락을 느끼는 사람도 있다.

건전한 판단력과 신중한 태도로 상상력의 힘을 잘 다스린다면, 행복하고 만족스러운 삶을 오랫동안 누릴 수 있다.

입으로만 신나게 외치는 정의만큼
비겁한 것은 없다

많은 사람이 '정의는 진리의 수호자'라는 말을 입에 올린다. 하지만 정의로운 삶을 산다는 것은 생각보다 훨씬 어렵다.

입으로는 늘 정의를 외치지만 막상 그렇게 행동하지 않는 사람이 정말 많다. 평상시에는 정의라는 말을 달고 살면서, 막상 자신에게 위험이 닥치거나 형편이 좋지 않게 되면 입을 싹 닦고 태도를 바꾸는 경우도 많다.

정의감이 넘치는 사람은 스스로 '정의'라는 말을 입에 담지 않는다. 권력에도 굴하지 않고, 대중에 영합하지도 않는다. 순간의 이익이나 유혹에도 흔들림 없이 자신의 신념을 고수하며, 말과 행동이 일치하는 삶을 실현하기 위해 끊임없이 노력하는 이야말로 정말 정의로운 사람이다.

고등어는 정어리와
친구가 되지 않는다

고등어는 깊은 바다 속에 살고, 정어리는 수면 가까이에서 무리 지어 다닌다. 그런 고등어가 정어리와 친구가 될 수 있을까? 그럴 리가. 둘은 애초에 마주칠 일이 없다.

진정한 친구를 사귀는 것은 인생에서 가장 중요한 일 중 하나라고들 말한다. 사람의 가치는 그가 사귀는 친구의 모습을 보면 알 수 있다고도 하지 않는가? 현명한 사람이 어리석은 사람과 의기투합하는 모습은 매우 진귀한 광경일 것이다.

그런데 자발적으로 친구를 골라서 사귀는 경우는 의외로 흔치 않다. 보통 어느 순간 보니 친하게 지내고 있을 뿐이다. 물론 그렇게 우연히 만난 가운데 진정한 친구가 될 수도 있겠지만, 과연 그럴 확률이 얼마나 될까. 보통은 '어쩌다 보니 같이 노는 애'일 뿐이다.

진정한 친구는 서로를 이해하고 함께 발전을 꾀하는 관계이다. 내게 영감을 주는 존경스러운 친구를 찾아내기 위해서는 먼저 내가 그런 사람이 되어야 한다.

가장 좋은 친구란?

우리는 주위에 있는 많은 사람을 별 생각 없이 '친구'라고 부르곤 한다. 하지만 그 단계를 나누어 보면, 가장 높은 단계에 드는 친구는 극소수에 불과하다.

1단계는 '즐거운 시간을 함께 할 수 있는 사람'이다. 가장 넓으면서 가장 낮은 범주이다.

2단계는 '기쁨을 공유할 수 있는 사람'이다.

3단계는 '슬픔을 나눌 수 있는 사람'이다.

마지막 4단계는 '거듭되는 시련 속에서도 신의를 잃지 않는 사람'이다. 가장 좋은 친구는 무슨 일이 있어도 서로를 배신하지 않고, 늘 쉴 곳을 마련해 주는 사람이다.

물론 이런 친구를 얻기란 쉽지 않다. 하지만 아무리 시간이 들고 험난한 시련을 겪는다 해도, 진정한 친구는 그만큼의 가치를 갖는다.

078

혼자라는 것을 알면
운명은 가차 없이 나를 공격한다

삶이 평화로울 때는 주위에 얼마든지 친구가 있다. 그러나 삶이 힘들 때 곁에 있어 줄 '어려울 때의 친구'는 구하기 어렵다. 단 한 명이라도 좋으니 이런 친구는 꼭 사귀어 두는 것이 좋다.

인생이란 잘 풀리는 것 같다가도 한번 발을 헛디디면 온갖 역경에 휘말릴 수 있다. '어려울 때의 친구'는 이럴 때 든든한 내 편이 되어 줄 것이다. 내가 혼자라는 것을 알게 된다면 운명과 세상은 가차 없이 나를 공격하겠지만, 혼자가 아니라면 쉽사리 그럴 엄두를 내지 못한다.

황무지에 부는 돌개바람은 외톨이가 견디기에는 너무도 매섭다. 신뢰할 수 있는 평생의 친구와 함께하며, 힘들 때 서로 짐을 나눠 메고 슬픔을 공유할 수 있다면 어떠한 고난도 두렵지 않을 것이다.

순진한 당신을 위한 예리한 지혜

서로 상반되는 성질이 만났을 때
가장 조화롭다

좋은 친구를 통해 얻을 수 있는 효과는 셀 수 없이 많다. 취향이나 품행은 전염되는 법이라, 자기도 모르는 새에 친구의 인품이나 정신으로부터 영향을 받기 때문이다.

성격이 다른 사람끼리 친구가 되면, 각자의 성격이 중화되어 점차 이상적으로 변하게 된다. 욱하는 성질이 있는 사람이 진중한 사람과 친구가 되면 점차 성질이 가라앉는 것을 볼 수 있을 것이다.

중요한 것은 자신과 상대방 간의 조화를 이루려는 노력이다. 대조는 아름다움과 조화를 낳는다. 그러므로 친구를 고를 때는 '어떤 조합이 좋을까?'라는 고민을 해 보는 것이 좋다. 가장 멋진 조화는 상반되는 것끼리 만났을 때 나온다. 지혜를 배울 수 있고 자신에게 도움이 될 수 있는 상대를 친구로 만나도록 하자.

기왕 남의 이야기를 할 거면
미덕이나 선행을 말하라

여러 사람들과 모여서 이야기를 나눌 때 절대로 꺼내선 안 되는 화제가 있다. 바로 남에 대한 뒷담화이다. 그 자리에 없는 사람을 헐뜯어 눈앞에 있는 이들의 비위를 맞추려 하는 것은 그야말로 비열한 짓이다.

이때 눈을 반짝이며 귀를 쫑긋 세우는 사람이 있다면, 그 또한 비열한 인간이라 할 수 있다. 올바른 사람이라면 남의 험담을 들었을 때, 자신 또한 그러한 이야기를 좋아하는 무리로 묶는 것으로 생각하고 매우 불쾌하게 여길 것이다.

기왕 남에 대한 이야기를 할 거면 미덕이나 선행을 전하는 것이 좋다. 좋은 소문을 말하는 것은 이야기를 듣는 이들에게 에둘러 예의를 표하는 것이라고 할 수 있다.

진정한 친구는 적으로 만나더라도
정정당당하게 싸울 수 있는 사람이다

어제의 친구가 오늘도 친구이리란 법은 없다. 눈만 감았다 떠도 변해 있는 것이 요즘 세상이기 때문이다. 죽음을 무릅쓰고 같이 싸우던 전우가 다음 날 막강한 적이 되어 내 앞을 가로막을 수도 있고, 때로는 부득이하게 전쟁터에서 마주할 수도 있다.

그러나 일찍이 서로의 우정을 확인한 적이 있는 진정한 친구라면 정정당당하게 맞서 싸울 수 있을 것이다.

예전의 우정을 악용해 상대를 방심하게 한 뒤 비열한 수단을 쓰는 것은 최악의 배신행위다. 변함없는 친구라면 뛰어난 전략과 정당한 무기를 이용해 능력껏 싸우는 것이 바람직하다. 이기고 지는 것에 상관없이, 서로의 공적을 칭찬할 수 있는 사이로 남는다면 더없이 이상적일 것이다.

예의와 절제가 없는 카리스마는
오히려 사람들과 멀어지게 한다

다른 이의 마음을 끌어당기려면, 나만의 매력을 충분히 갖추고 있어야 한다.

카리스마를 타고난 사람이 있다. 힘들이지 않고도 타인의 마음을 사로잡을 수 있는 그런 사람. 그런데 아무리 타고난 카리스마를 갖고 있더라도 예의도 없고 절제도 없이 그냥 자기 하고 싶은 대로만 날뛰다 보면 결국 주위 사람들과 멀어지고 만다.

오히려 압도적인 카리스마를 가지지는 못했어도 늘 예의바르고 자상하며 지혜로운 사람은 주위에 사람들이 자연스럽게 몰려든다. 자석이 쇠붙이를 끌어당기듯이.

현명한 사람은 상대의 마음에
악의가 끼어들 여지를 없앤다

적의를 품고 다가오는 사람은 아무런 이유도 없이 상대의 명예에 흠집을 내고, 불리한 일만 만들려 한다. 하지만 나까지 적의로 맞서면 안 된다. 복수는 무의미한 일이기도 하지만, 오히려 사태를 악화시키기 때문이기도 하다.

현명한 사람은 타인의 적의를 미리 예방할 줄 안다. 적을 만들지 않으려면 평소에 주위 사람들에게 호의를 보여야 한다. 은혜를 베푸는 노력을 하는 것도 좋다. 상대의 마음을 나에 대한 감사로 채운다면, 여기에 적의가 끼어들 여지는 없다.

누군가가 나에게 악의를 품었다고 하더라도 그것이 영원히 계속되진 않는다. 내가 끈기 있게 선의를 보이면, 상대의 악의도 결국에는 선의로 바뀐다.

피할 수 없는 상황이라면
상대에게 길들여지는 것도 나쁘지 않다

나와 성격이 잘 맞는 사람만 만나고 살 수 있다면 얼마나 마음이 편할까? 누구나 한 번쯤 해 봤을 법한 생각이지만, 알다시피 그럴 순 없는 노릇이다.

때로는 나와 잘 맞지 않거나, 성격이 너무나도 다른 사람을 만날 수도 있다. 피할 수 없는 상황이라면, 상대방에게 길들여져 보는 것도 나쁘지 않다. 상대방과 충돌하는 일도 점차 없어질 것이고, 처음에는 불쾌하게 여겨졌던 상대방의 단점도 점차 대수롭지 않게 느껴질 것이다. 인내심을 가지고 끈기 있게 상대방을 대하다 보면 점차 마음이 잘 맞기 시작하는 것을 알 수 있을 것이다.

적에게는 늘 화해의 실마리를 남겨 두라
내일은 가장 좋은 친구가 될 수도 있다

오늘의 친구가 내일은 최악의 적이 될 수 있다. 별로 유쾌한 일은 아니지만, 세상에는 실제로 이런 일이 종종 일어나고 있다. 그러므로 늘 신뢰할 수 있는 친구를 사귀는 것이 좋다. 반대로 적에게는 늘 화해의 실마리를 남겨 두어야 한다. 큰 인물은 적을 진심으로 미워하지 않는다. 어제의 적이 오늘의 친구가 될 수 있다는 것은 수많은 사례를 통해 증명된 바 있다. 최악의 적이었던 상대방이 화해 이후 가장 신뢰할 수 있는 동지가 된다고 해도 전혀 이상한 일이 아니다.

정중하고 예의바른 사람은
거절해도 호감을 얻는다

말이 거칠고 행동이 무례하면 아무리 악의가 없더라도 상대에게 상처를 줄 수밖에 없다. 성격이 좋아도 품행이 좋지 않다면 모두들 내게서 등을 돌릴 것이다.

사람들이 있는 그대로의 나를 알아주기를 기다리지만 말고, 먼저 예의를 갖추도록 하자. 고상하고 우아한 말과 행동은 상대의 마음을 부드럽게 만들고, 나아가서는 신용을 얻는 데 도움이 된다. 다른 사람의 부탁을 거절할 수밖에 없을 때나, 충고를 해야 할 때도 마찬가지다. 정중한 동작과 예의 바른 말씨를 잃지 않는다면, 체면도 살리고 상처도 주지 않으면서 부드럽게 상황을 해결할 수 있다.

약점을 드러내는 것은 스스로를
사나운 짐승의 우리에 던져 넣는 꼴이다

누구에게나 단점은 있다. 하지만 약한 모습을 다른 사람들 앞에서 드러내는 건 정말 위험한 일이다. 기다렸다는 듯이 물어뜯으려고 달려드는 녀석들이 좀 많아야지. 약점을 드러낸 순간, 우리의 몸과 마음은 엉망진창이 될 것이다.

사람의 마음에는 선한 구석도 있지만, 악한 구석도 있게 마련이다. 악한 마음은 사소한 계기로 송곳니를 드러내기 일쑤다. 다른 사람의 약점을 잡거나, 다른 사람의 불행을 지켜보는 것이야말로 악당의 가장 큰 즐거움이다.

남들 앞에서 내 신세를 한탄하지도, 약한 소리를 내지도 말자. 결점이나 약점은 꼼꼼하게 감추고, 늘 용의주도하게 행동하도록 하자.

088

약한 상대에게는 진지한 태도로, 강한 상대에게는 편한 마음으로 대하라

스포츠의 세계에서 기술이나 체력 수준은 중요한 요소이다. 하지만 승부는 이것만으로 정해지지는 않는다. 어떤 마음으로 임하느냐에 따라 승부가 갈릴 수도 있다.

승부에 임하는 마음가짐의 기본은 이렇다. 나보다 약한 상대는 더욱 진지한 태도로 대하고, 강한 상대는 최대한 편안한 마음으로 대해야 한다. 약자에 대한 방심과 교만을 없애고, 강자에 대한 두려움을 완화시키는 것이다.

골치 아픈 상황에 처했을 때도 해결 방법은 같다. 먼저 쉬운 일은 신중하게 처리하고, 어려운 일을 처리할 때는 작은 것부터 차근차근 해결해 가야 한다. 이것이 싸움에 임하는 '마음가짐'이다.

순진한 당신을 위한 예리한 지혜

자신이 틀렸다는 것을 인정하는 것은
결코 손해 보는 장사가 아니다

'체면이 걸린 문제'라는 이유로, 상대방이 옳은 말을 하고 있다는 것을 알면서도 순순히 인정하지 못하고 고집을 피우는 사람이 많다. 하지만 승부는 처음부터 정해져 있다. 체면을 차리려는 자의 '강경함'이라는 무기는 상대방의 논리적이고 이성적인 주장 앞에서는 이빨 빠진 호랑이일 뿐이다.

다른 사람과 의견을 겨룰 때는 우선 자신의 의견이 이치에 맞는다는 사실을 증명해야 한다. 잘못된 부분이 있음을 알게 된다면 곧바로 수정해야 한다.

자신이 틀렸다는 것을 인정하기란 괴롭다. 하지만 결과적으로는 깨끗한 사람이라는 명성을 얻게 될 것이니, 결코 손해 보는 장사는 아니다.

3장

인생의 심리전에서
지지 않는 법

곁에 있다고 해서 모두 내 편은 아니다

목에 걸린 생선 잔가시 같은
사람은 되지 마라

다른 사람의 의견이 마음에 들지 않는다고 해도 섣불리 따지고 들지 않는 것이 좋다. 나의 의견에 주위 사람들이 설득되기는 커녕, 오히려 성질이 급하고 화가 많은 사람이라는 억울한 누명만 뒤집어쓰게 될 것이다.

유쾌한 대화 중간에 쓸데없이 딴죽을 건다면 대번에 분위기가 엉망이 될 것이다. 이런 짓을 하는 사람은 아무리 머리가 좋다 한들 현명하다고 하기는 어렵다. 이처럼 어리석은 짓을 반복하면 언젠가는 주위의 모든 사람을 적으로 돌리게 될 것이다.

명예를 둘러싼 진흙탕 싸움에서는 재빨리 도망치는 것이 상책이다

이 세상에서는 '대체 왜 싸우는 거지?' 하는 생각이 들 만큼 쓸 데없는 싸움이 일어나곤 한다. 그중 하나가 '명예'를 둘러싸고 벌어지는 싸움이다.

명예라는 건 실체가 없다. 정확히 어디부터 어디까지가 '명예'인지 이야기하기 어렵다. 그런데도 서로 자기 명예만을 지켜 내겠다고 치고받고 싸우니, 결론이 날 리가 있을까?

개인의 명예뿐만 아니라, 국가의 명예를 걸고 싸움이 일어나는 경우도 제법 있다. 이걸 우리는 보통 '전쟁'이라고 한다. 이런 구차한 진흙탕 싸움에 말려들어 봤자 손해다.

명예를 명분으로 한 싸움은 계속 희생자를 낼 것이다. 틈을 봐서 재빨리 도망치는 게 좋다. 한도 끝도 없는 어리석은 아수라장에 휘말려 봐야 나만 다칠 뿐이니까.

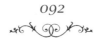

말과 행동은
사람들의 신용을 얻게 한다

행동이 알맹이라면 말은 그 껍질이고, 행동이 실체라면 말은 그 그림자와 같다고들 한다.

말만 그럴싸하게 하면서 행동으로 옮기지 않는 사람, 아니면 행동으로 옮기더라도 대충대충 손 가는 대로 하는 사람을 누가 믿을 수 있을까? 반대로 아무리 훌륭한 행동을 하더라도 주위에 그 사실이 알려지지 않는다면 누가 그 사람을 인정해 줄까?

선의 넘치는 말과 훌륭한 행동을 같이 하라. 당신의 품격이 높아짐과 함께 다른 이의 존경도 함께 쌓인다.

093

권위라는 겉포장이 없어도
존경받는 사람이 진짜배기다

역사책을 펼쳐 보자. 성군으로 이름을 드높인 왕도 있지만, 폭군이나 어리석은 왕이라는 오명을 쓴 왕도 있을 것이다. 둘의 차이는 어디에 있을까?

왕의 지위에 버티고 앉아 거드름만 피울 뿐, 인간성을 수양하는 것을 게을리한 왕은 만인의 경멸을 받는다.

백성을 위한 정치를 펴고, 왕으로서의 역할을 충실히 해내며, 인격까지 훌륭한 왕은 영원히 칭송을 받는다.

사람들 위에 서는 사람일수록 스스로를 잘 다스릴 줄 알아야 한다. 권위라는 겉 포장이 사라졌을 때도 존경받을 수 있는 사람이 되도록 하자.

존경할 수 있는 스승을 찾아다면
큰 고생 없이 인생의 목표를 얻게 된 셈이다

어떤 사람들은 자신이 아는 가장 위대한 인물을 모범으로 삼고, 그로부터 자극을 받으며 늘 분발하는 모습을 보인다. 존경할 수 있는 멘토를 찾아냈다는 것은 엄청난 행운이다.

'저 사람처럼 되고 싶다'는 생각은 의욕과 투쟁심을 불러일으킨다. 큰 고생 없이 인생의 목표를 얻게 된 셈이다. 일단 목표가 정해진 이상, 의지가 꺾일 일도 없다.

알렉산드로스 대왕이 아킬레우스를 생각하며 눈물을 흘린 것은 그의 운명을 동정했기 때문이 아니다. 자신의 명성이 아직 아킬레우스의 명성에 미치지 못했기 때문이다.

'나도 저 사람처럼 명예를 얻고 싶다'는 생각을 가지면, 스스로 끊임없이 궁리하고 노력하게 된다. 불안이나 불만, 나약한 질투심 같은 것이 끼어들 여지가 없다.

자기 분수에 맞는 무대에서
승부하라

구슬이 서 말이라도 꿰어야 보배라는 말이 있다. 훌륭한 자질을 가지고 있더라도 정작 발휘할 수 없다면 의미가 없다. 무대가 너무 작으면 나의 멋진 모습을 온전히 보여 주기 어려울 것이고, 허름한 무대에는 갈채를 보내 줄 만한 관객이 모이지 않을 것이다.

기왕 나의 재능을 펼쳐 보이고자 한다면, 딱 보기에도 화려하고 품격 있는 무대를 고르는 것이 좋다. 그러나 소질이 부족하면서도 억지로 큰 무대에 선다면 온갖 창피를 당하는 것은 물론이고 관객의 야유도 피할 수 없을 것이다.

자기 분수에 맞는 무대에서 양껏 능력을 펼치는 것이 성공의 비결이다.

'하고 싶은 일'보다
'할 수 있는 일'을 먼저 고려하자

직업을 갖고자 하는 이유는 정말 다양하다. 먹고살기 위해서, 좋아하는 일을 하고 싶어서, 꿈을 이루기 위해서, 손가락질 당하는 삶을 살고 싶지 않아서일 수도 있다.

사람마다 직업을 갖는 이유가 제각각이듯, 일을 하는 데 필요한 조건도 다양하다. 하고 싶은 일이 있다고 해도 반드시 할 수 있는 것은 아니다. 머리가 좋아야 할 수 있는 일도 있고, 체력을 필요로 하는 일도 있다. 재치가 없으면 먹고살기 힘든 일이 있는가 하면, 독창성이 없이는 불가능한 일도 있다.

그러므로 직업을 선택하기에 앞서, 자신의 자질이나 특기가 무엇인지를 잘 아는 것이 먼저다.

지울 수 없는 얼룩은
애당초 만들지 말라

딱 보기에도 수상한 일에는 처음부터 발을 담그지 말자. 한번 더러운 얼룩이 지면 빼기가 굉장히 힘들다.

아무리 과거의 일이라 해도 나쁜 일에 연루되었다는 사실은 결코 사라지지 않는다. 어둠의 세계에서 쌓은 부정적인 경험은 절대로 긍정적으로 작용하지 않는다. 비웃음이나 경멸을 당하는 것은 둘째치고, 인간성마저 의심받는 경우도 많다.

큰 얼룩을 지우는 데는 막대한 시간이 든다. 독한 얼룩 제거제를 사용해야 하는 것은 말할 것도 없다. 심지어는 끝까지 지워지지 않는 얼룩도 많다. 한번 나쁜 평판이 나면 좋지 않은 소문은 순식간에 퍼지고, 잘 잊히지도 않는다. 실추된 명예를 회복하기 위해서는 더 많은 시간을 들여야 하고, 더 많은 선행을 쌓아야한다.

경계심을 갖되
상대가 눈치채지 못하게 하라

세상살이에서는 적당한 경계심을 갖는 게 좋다. 딱 보기에도 위험해 보이는 것은 그냥 피하면 되겠지만, 개중에는 교묘하게 위장되어 있는 것들도 있다.

귀가 솔깃해지는 이야기로 접근하는 사기꾼, 거짓 눈물로 상대의 마음을 가지고 노는 사람, 우정을 방패 삼아 말도 안 되는 부탁을 하는 친구……. 이들을 믿고 마음을 터놓았다가는 뒤통수를 맞기 십상이다.

경계심이 과해서 불신감으로 똘똘 뭉친 사람도 있다. 다른 사람을 믿지 않는 대신, 자신 역시 아무에게도 신뢰받지 못하리라. 이런 사람은 불행이 두 배로 겹친 것이다.

경계심을 놓지 말라. 당신이 경계하고 있다는 것을 상대가 알게 해서도 안 된다. 섣부른 경계심은 상대의 분노를 사게 될 수 있다.

위기가 닥쳐도
전진하는 사람이 뛰어난 리더이다

위기가 닥치면 누구나 긴장하게 마련이다. 혹시나 내게 불똥이 떨어질까 두려워 피하려고 하는 것 또한 당연한 일이다. 그러나 계속해서 피하기만 하면 발전하지 못한다.

위기를 정면으로 바라보면, 주위에 숨어 있는 기회를 발견할 수도 있다. 때로는 위기 자체가 기회가 되기도 한다.

뛰어난 리더는 위기가 바로 기회라고 여기고, 동료 모두가 더욱 분발하도록 격려한다. 이때 위험을 무릅쓰고 평소의 몇 배나 되는 '초인적인 힘'을 발휘하는 사람도 있다.

위기에 직면해도 절대 물러서지 않고 전진하는 사람, '모든 책임은 내가 진다'고 말할 수 있는 사람이야말로 뛰어난 리더의 귀감이다.

따뜻한 격려 한마디가
의욕을 높인다

　노동의 대가는 정당한 보수로 돌아와야 한다. 일을 하고 보수를 받는 것은 지극히 당연하면서도 매우 기분 좋은 일이다.

　금전적 보수 또한 중요하지만, 노동자의 사기를 높이기 위해서는 다른 형태의 보상을 생각해 볼 수 있다. 한창 열심히 일하고 있는 사람에게 격려의 한 마디를 건네 보자. 대단치 않은 것처럼 보이지만, 격려는 내가 당신에게 기대하고 있음을 암시하는 행위이다. 일하는 입장에서는 이런 한마디에 큰 감동을 받게 마련이다.

　부하의 사기가 떨어졌다 싶으면 평소보다 빨리, 평소보다 다양한 형태로 보답해 보자. 의욕이 올라갈수록 성과는 더욱 높아질 것이다.

비밀의 성질에 따라
털어놓을 상대를 구분하라

가족에게도 차마 털어놓을 수 없는 비밀이 있듯, 아무리 친한 친구 사이라 할지라도 몇몇 비밀은 마음속에 간직하는 게 좋다.

다른 사람에게 자신의 속내를 전부 털어놓는 사람은 상대방도 자신에게 똑같이 해 주기를 바란다. 만약 그러지 않으면 손해를 본 것처럼 섭섭해하기도 한다. 누군가의 속내를 모두 갖고 싶어 하는 것은 신뢰와 소유를 구분하지 못하는 것이다. 어느 누구도 다른 누군가의 소유가 될 수 없다는 사실을 잊어서는 안 된다.

비밀의 성질에 따라 털어놓을 상대를 구분하는 것이 좋다.

다른 사람의 비밀을 알게 되는 것은 시한폭탄을 떠안는 것과 같다

남의 비밀을 알게 되는 것이 좋은 일이라고 생각하는가? 상대방을 마음대로 다룰 수 있을 것만 같은가? 안타깝지만 조금도 좋은 일이 아니다. 특히 윗사람의 비밀은 절대로 알려고 하지 말자. 출세가 아니라 파멸로 이끄는 경우가 더 많다.

이를테면 상사가 실수로 자신의 비밀을 부하에게 털어놓았다고 하자. 비밀은 동시에 약점이 되기도 한다. 상사의 약점을 쥐고 있다는 것은 그다지 유쾌한 일은 아니다. 아무리 부하라 할지라도, 상사의 비밀을 알고 있다면 둘의 상하관계는 역전될 수밖에 없다. 그래서 상사가 그 부하를 눈엣가시로 여기고 해코지를 하려 할 수도 있다.

다른 사람의 비밀을 알게 된다는 것은 언제 터질지 모르는 시한폭탄을 떠안게 되는 일과 마찬가지다. 가능하면 그러한 재앙은 피하는 것이 좋다.

103

은혜를 잘못 베풀면
퍼 주고 욕먹는다

다른 사람에게 은혜를 베풀면 당사자로부터는 감사를 받고, 주위로부터는 좋은 평판을 받는다. 하지만 지나치게 많은 베풂은 그저 '생색내기 위한 베풂'이 될 뿐이다. 은혜를 받는 사람의 입장에서 보면 여간 큰 부담이 아닐 수 없다.

누구라도 은혜를 입으면 보답을 하고 싶어 할 것이다. 하지만 너무 많은 은혜를 받으면 보답하기가 어려워진다. 이것은 마음의 큰 짐이 되고, 결국 그 무게를 견디지 못할 수 있다. 소위 '퍼 주고도 욕먹는다'는 말이 이럴 때 쓰이는 것이다.

타인에게 은혜를 베풀 때는 조금씩 여러 번에 걸쳐서 행하는 것이 좋다. 먼저 상대방의 입장을 충분히 고려한 다음에 나눔을 실천해야 건강한 관계를 유지할 수 있다.

스스로를 낮춰 보는 잘못된 습관은
자신의 소중함을 깨닫지 못해서 생긴다

남의 떡이 커 보인다는 말이 있다. 옆집 정원에 핀 장미가 우리 집 장미보다 아름다워 보일 때가 있다. 다른 사람이 먹고 있는 음식이 내 것보다 맛있어 보일 때도 있다. 다른 나라에 놀러 갔다가, 그 나라의 아름다운 경관과 강대한 국력을 보고 자신의 나라가 순식간에 초라하게 느껴지기도 한다.

사람에게는 이렇듯 다른 이를 부러워하고 스스로를 낮춰 보는 경향이 있다. 이런 생각을 갖고 있는 사람은 늘 마음속이 요동치고 불행할 것이다. 잘못된 습관은 자신이 얼마나 소중한 존재인지 깨닫지 못해서 생긴다. 범사에 감사하라. 그 순간 당신은 한 단계 성장할 수 있다.

세상의 평판을 너무 얕보지 마라
근거 없는 소문이 신용을 좌우한다

다른 사람을 평가할 때 '좋고 싫음'의 감정이 좌우하는 경우가 제법 있다. 옳은 일을 했다고 해서 반드시 좋은 평가를 받으리라는 보장이 없는 것은 그 때문이다. 싫어하는 사람이라면 그가 무슨 일을 하더라도 인정해 주고 싶지 않은 심술궂은 마음이 생기게 마련이다.

남들에게 좋은 평가를 받으려면 우선 '남들이 좋아하는 사람'이 되자. 평소에 주위 사람들에게 호의를 갖고 배려하는 태도를 보여라. 그리 어려운 일은 아니다. 작은 호의와 친절한 말 한마디로 지금보다 훨씬 더 좋은 평가를 받을 수 있다.

세상의 평판을 너무 얕보지는 말자. 근거 없는 소문이 사회적인 신용마저 좌우하곤 한다.

때로는 다른 사람의 실수를 보고도
못 본 척해 주자

작은 실수에 집착하지 말자. 어차피 엎질러진 물은 주워 담을 수 없다. 뼈저린 반성을 했다면 뒤돌아보지 말자. 실수를 발판삼아 앞으로 나아가는 것이 훨씬 이익이다.

다른 사람이 저지른 실수를 꼬투리 잡아 틈만 나면 못살게 구는 사람이 있는데, 인간적으로 그러지 말자. 다소 실수가 있더라도 너그럽게 감싸 주면 뭐 어떤가? 때에 따라서는 보고도 못 본 척을 할 수도 있다. 큰 인물이 되려면 이렇게 넓은 마음을 보여 주는 여유를 가지는 것이 좋다.

설득할 때는
그가 알기 쉽게 이야기해야 한다

아무리 훌륭한 내용이라도 상대방이 이해하지 못하면 아무런 의미가 없다. 다만, 듣는 사람의 이해력을 감안할 필요가 있다. 부피에 비해 주둥이가 좁은 병 같은 사람도 있게 마련이다. 나의 이야기를 이 병에 따르기 위해서는 '구성'이라는 깔때기가 필요하다.

현명한 사람은 듣는 사람의 입장을 고려하며 이야기를 구성할 줄 안다. 하지만 어리석은 사람은 괜히 '있어 보이려고' 하다가 정작 자기 이야기를 전달하지 못하기 일쑤다.

어려운 말이나 장황한 표현은 상대방을 곤란하게 한다. 자신을 부풀리려 허영을 부리는 사람은 도리어 제 얕은 수준을 들킬 수 있다.

같은 값, 같은 품질일 때는 고객의 허영심을 자극하는 것이 승부를 결정한다

품질이 좋다는 것만 강조해서는 고객의 마음을 움직이기 힘들다. 같은 값, 같은 품질이라면 조금이라도 더 궁리한 흔적이 있느냐가 승부를 결정짓는다.

대대적인 홍보로 고객의 시선을 사로잡는 것도 한 방법이다. 기발한 이름을 붙여 호기심을 자극하거나, 판매 기간 또는 수량을 한정해 희소성을 높이는 것도 좋은 방법이다. 그러나 대놓고 전략적인 태도를 보인다면 오히려 역효과를 얻게 될 수도 있다. 가능한 한 넌지시, 자연스럽게 진행하는 것이 중요하다.

'당신만이 이 상품의 진가를 알아볼 수 있습니다'라는 메시지를 담는 방법도 있다. 누구나 '나는 특별한 사람이다'라거나, '특별한 사람이 되고 싶다'는 마음을 갖게 마련이다. 허영심을 적절히 자극해 주는 것도 좋은 전략이다.

지식을 쌓는 것은 좋지만
잘난 척을 하는 것은 어리석은 일이다

아무것도 모르는 사람에게 도움을 주겠답시고 어려운 이야기를 줄줄 늘어놓아 봤자 헛수고일 뿐이다. 자기 말을 못 알아듣는다고 상대를 헐뜯는 사람도 있는데, 이 또한 어리석은 짓이다.

지식을 쌓는 것은 좋은 일이지만, 아무리 아는 것이 많다고 하더라도 잘난 척은 하지 말라. 때에 따라서는 모르는 척을 하는 것이 더 좋을 때도 있다.

무지를 가장하는 것은 어리석은 일이 아니다. 오히려 자신의 어리석음을 깨닫지 못하는 것이 더욱 심각한 문제다.

대중은 신비로운 느낌을 주는 사람을 높이 평가한다

누구에게나 자기가 이해할 수 있는 이야기는 대충 흘려듣고, 이해할 수 없는 이야기는 대단한 것으로 여기는 경향이 있다. 게다가 많은 이가 그 이야기를 '훌륭하다'고까지 평가한다면 괜히 한 번쯤은 눈길이 갈 수밖에 없다. 그러다 결국은 뒤처지면 안 된다는 생각에 초조해진 나머지, 그게 왜 훌륭한지도 모른 채 주변 사람들에 섞여 같이 칭찬하게 된다.

사람에 대해서도 마찬가지다. 신비로운 느낌을 주는 사람을 대중은 높이 평가한다. 그러므로 대중의 마음을 단번에 휘어잡기 위해서는 오히려 자신에 대해 많은 이야기를 하지 않는 것이 좋다. 얼추 알아들을 수는 있지만, 꼬투리를 잡힐 만한 여지는 찾기 어려운 정도로 이야기의 난이도를 조정하는 것이다. 물론 진짜 지식인에게 이런 수법은 통하지 않는다. 하지만 '일반 대중'은 자신들이 이해할 수 없는 어려운 이야기를 일종의 부가가치로 받아들인다. 지나치게 어렵다면 오히려 역효과를 부를 수도 있겠지만.

당신의 의견에 이견이 없는 사람은
무조건 피하라

나의 의견에 전혀 이견이 없는 사람이 있다면 무조건 피해라. 그런 사람은 오로지 신변의 안전만을 중시할 뿐, 다른 사람은 안중에도 없다.

다른 사람의 의견에 반론을 제기하려면 상당한 에너지가 필요하다. 자칫하다간 상대방을 화나게 하거나 미움을 받을 수도 있다. 이런 위험을 감수하면서까지 나를 비판해 주는 이가 있다면, 그야말로 고마운 사람이다.

자신감은 있는 게 좋다
그러나 자기만족에 빠지지는 말라

'자신감'은 문자 그대로 스스로를 믿는 것이다. 근거 있는 자신감은 다른 사람의 부러움과 존경을 받는다. 반면에 '자기만족'이란 자신의 언동에 스스로 감탄하는 것을 말한다. 다른 사람으로부터 감탄을 받지도 존경을 받지도 못하고, 오로지 자기 자신만이 도취되어 어쩔 줄 모르는 것이다. 세상 사람들이 어리석다고 손가락질을 해도 눈치채지 못하기도 한다.

주위의 박수갈채를 얻으려고 "나는 이렇게 대단한 사람이다", "이런 대단한 일을 해냈다"고 떠드는 모습은 보기에도 안쓰러울 정도다. '자기만족'은 어차피 혼잣말이다. 아무도 보지 않는 곳에서 자기 혼자만 즐기면 되지, 사람들 앞에서 과시할 것까지는 없음을 깨닫도록 하자.

채워지지 않은 욕망이 있는 사람은
남에게 이용당하기 쉽다

욕망은 부족함에서 생겨난다. 배가 고프면 먹을 것을 찾게 되고, 지갑이 가벼워지면 돈이 갖고 싶어지게 마련이다. 모든 것을 가진 사람의 마음은 맑은 날의 호수처럼 평온하다. 어지간한 일이 아니고서는 동요하지 않고, 달콤한 말에 속아 넘어가지도 않는다.

사람의 마음에 틈이 생기는 것은 무언가가 부족할 때, 원하는 것이 수중에 없을 때다. 원하는 것을 충족하지 못한 사람은 남에게 이용당하기 쉽다는 것을 알아야 한다.

정치가는 채워지지 않은 서민의 욕망을 자극하고 선동한다. 하지만 실제로 그들의 욕망을 만족시켜 주는 일은 결코 없다. 항상 무언가에 불만을 품을 여지를 남기고, 그것을 다시 새로운 기대로 이어 간다. 사람의 마음을 장악하는 교묘한 기술이란 이런 것이다.

세상에는 지식만으로 해결할 수 없는 문제가 셀 수 없이 많다

"저 사람은 순 헛똑똑이야"라는 말을 들어 본 적이 있는가? 고상한 학문과 학식을 갖추고 있는 것 같지만, 막상 꼭 필요한 상식은 영 시원찮은 이를 이렇게 부른다.

세상에는 지식만으로 해결할 수 없는 문제가 셀 수 없이 많다. 잘난 척하며 원리 원칙만 늘어놓아 봤자 도움이 안 되는 경우가 더욱 많고, 오히려 사람들의 냉랭한 눈초리만 돌아올 뿐이다.

세상에는 온갖 속물이 득실거린다. 괜히 세상을 '속세'라고 부르는 것이 아니다. 방심하다간 이리저리 얻어맞고 채이기 일쑤다. 세상 물정에 어두워서는 안 된다. 하다못해 세상의 거친 파도를 이겨내기 위한 간단한 처세술 정도는 익혀 두는 것이 좋다.

처세술은 도서관에 있는 것이 아니다. 수많은 경험이 삶의 길을 밝힌다.

박수를 받았다고 우쭐하지 마라
단상 위 연설은 늘 박수를 받는다

박수는 언제 칠까? 보통은 남을 칭찬할 때다.

하지만 무책임한 관객 중에는 별것 아닌 것에도 대강 박수를 보내는 경우가 있다. 단상 위 연설이 아무리 따분할지라도 끝나면 어쨌든 박수를 치는 것과 같다.

그러니 누군가에게 박수를 받았다고 해서 우쭐해하는 건 좋지 않다. 오히려 의미 없는 박수갈채에 한껏 오만해진 것은 아닌지 돌아볼 필요가 있다. 누군가는 그런 내 모습을 싸늘하게 지켜보고 있을 수도 있다.

무엇이든 자주 보면 식상해지는 법이다
수수께끼 같은 부분을 남겨 두라

보기 좋은 꽃도 한철이라고, 무엇이든 너무 자주 보면 식상해지는 법이다. 아무리 큰 가치가 있다 하더라도, 누구나 쉽게 접할 수 있다면 그 진기함과 신비함은 옅어지게 마련이다.

이를테면 내가 존경하는 위인이 한 사람 있다고 하자. 그 사람을 직접 만나기 전에는 멋들어진 사자 같은 사람일 줄 알았는데, 실제로 만나 보면 별것 아닐 수도 있다. 훌륭한 사자의 이미지가 한순간에 한낱 쥐 수준으로 떨어지는 꼴이다.

나의 가치를 지키고 싶다면, 남들 앞에서는 수수께끼 같은 부분을 살짝 남겨 두도록 하자.

117

행운은 행복을 끌어당기고,
불운은 불행을 끌어당긴다

　지지리도 운이 없는 사람이 있는가 하면, 무슨 일을 하든 행운이 따르는 사람이 있다. '운이 좋다'는 말은 운을 자기 손으로 끌어당기는 힘을 가졌다는 것을 말한다. 이런 사람과는 적극적으로 교류하고 친하게 지내길 바란다. 행운을 가진 사람이 살아가는 방법을 배울 수 있어, 자신 또한 행운을 얻게 되기 때문이다.

　반대로 불행한 사람과는 될 수 있는 한 엮이지 않는 것이 좋다. 불행한 사람은 운을 끌어당기는 힘이 부족할 뿐만 아니라, 부정적인 힘으로 다른 사람의 운까지 갉아먹는다. 자칫하다간 나 또한 불운의 괴물에 잡아먹힐 위험이 있다. 불운한 사람이 불운한 상황에 처한 것을 목격하더라도, 별 생각 없이 동정하고만 있어서는 안 된다. 방심하는 순간 나까지 말려들어 헤어나지 못할 수도 있다.

자신보다 뛰어난 사람과 함께 있으면
조연으로 묻힐 뿐이다

옛날 어느 미녀는 못생긴 여자들만 골라 초라한 옷을 입혀서 자기 주위에 시녀로 두었다고 한다. 자기를 한층 더 돋보이게 만들기 위한 까닭이었다.

밤하늘의 달이 유달리 눈에 띄는 것은 주위에 작은 별밖에 없기 때문이다. 자기보다 뛰어난 사람과 손을 잡으면, 상대는 주인공이 되어 빛나지만 자신은 조연이 되어 묻히게 된다. 자신을 한층 돋보이게 만들어 줄 사람들을 친구로 삼아 작은 별빛 속의 커다란 달이 되어라.

다만 너무 수준 낮은 사람들하고 있으면 자신의 가치까지 떨어질 위험이 있다.

119

도를 넘은 친근함은
존경하는 마음을 사그라뜨린다

'존경받는 것'과 '사랑받는 것'은 다르다. 사람들이 너무 어려워하는 존재가 되어서도 안 되지만, 지나치게 많은 사랑을 받아도 안 된다. 사랑은 친근함을 동반하기 때문에, 친애하는 마음이 도를 넘으면 존경하는 마음이 사라지게 된다.

군이 말하자면, 이 세상을 살아가는 데 '사랑받는 것'보다 '존경받는 것'이 더 나은 때가 많다. 특히 사람들 위에 서야 하는 입장이라면 더욱.

사람들이 줄을 서는 데는
그만한 이유가 있다

대세에 민감한 사람들이 있다. 유행하는 패션을 그대로 따라 하기도 하고, 소문난 음식점 앞에 길게 줄을 서서 기다리기도 한다.

그런데 이런 모습을 냉담하게 바라보면서 비난하는 이들이 가끔씩 있는데, 많은 사람이 이처럼 열광하는 데는 나름의 이유가 있을 것이다.

뻣뻣하게 굴지 말고 한 번은 직접 겪어 보는 것도 좋다. 다른 사람들이 왜 그토록 좋아하는지 알게 될지도 모른다. 무엇이 좋은지 통 모르겠다고 하더라도 대놓고 무시하지 말자. 덩달아 감탄하는 척하는 편이 훨씬 현명하다.

혼자서 흐름을 거스르려 해 봐야 좋을 것 없다. 별종 취급받는 것은 물론이고, 나아가서는 남들이 나를 싫어할 만한 구실을 만들어 줄 뿐이다.

호의를 얻기란 쉽지 않다
하지만 한 번 얻으면 유지하기는 쉽다

자신의 힘만 믿고 다른 사람의 호의에 의지하는 것을 어리석게 여기는 사람이 간혹 있다. 하지만 혼자만의 힘으로 무언가를 이루려면 아주 먼 길로 돌아갈 것을 각오해야 할 것이다.

'마음이 맞는다'는 말은 일치한다는 뜻이다. 외적으로는 민족, 국적, 고향, 직업 등이 일치할 수 있을 것이다. 또한 내적으로는 재능이나 책임, 명예, 공적 등이 공통 요소가 될 수 있을 것이다.

남의 호의를 얻기란 쉽지 않다. 하지만 한번 얻은 호의를 유지하기는 비교적 쉽다. 타인으로부터 호의를 얻었다면 소중히 여겨 놓치지 않도록 끊임없이 노력해야 한다.

다른 사람의 말에 귀를 기울이지 않는 사람은 미래가 없다

아무나 쉽게 믿는 것은 어리석은 짓이지만, 모든 사람을 의심하는 것도 마찬가지로 어리석다. 제아무리 현명한 사람도 다른 이의 조언이나 충고를 필요로 할 때가 있기 때문이다. 다른 사람이 하는 말에 전혀 귀를 기울이지 않는 사람은 미래가 없다. 저명한 현자도, 권위 있는 제왕도 충고는 달게 받아들여야 한다.

친구가 나에게 솔직하게 충고하고 비판할 수 있도록 여지를 만들어 주어야 한다. 이것은 그 친구를 존중하고 있다는 증거가 되기도 한다.

진정한 친구를 거울삼아 자신의 모습을 비춰보며 잘못을 시정하고, 올바른 길로 나아가고자 하는 마음가짐을 갖는 것은 훌륭한 자세다.

근엄한 사람과도 소탈한 사람과도 나란히 걸어갈 수 있어야 한다

어떤 사람을 만나든 잘 맞춰 가며 지낼 수 있는 것도 하나의 능력이다. 사람의 마음을 사로잡기 위해서는 우선 상대와 조화를 이뤄야 한다. 사람들과 조화롭게 지내는 이에게는 누구든지 호의를 갖게 마련이다.

상대방의 성격을 잘 파악하고 여기에 맞춰 행동하는 것이 요령이다. 근엄한 사람과도 소탈한 사람과도 같이 걸어갈 수 있어야 한다.

다만, 많은 사람과 두루 조화를 이루기 위해서는 굉장한 수완이 필요하다. 그러나 폭넓은 지식과 지혜를 가진 사람에게는 결코 불가능한 일도 아닐 것이다.

가까이 있는 사람이라고 해서
모두 내 편은 아니다

웃는 얼굴로 다가오는 사람들 중에는 무언가 꿍꿍이속을 품고 있는 사람들이 많다. 이런 자들은 나의 진심을 알아보거나 비밀을 캐내기 위해 넌지시 떠보면서 유도신문을 한다.

그런가 하면 갑자기 면전에 대고 울화통을 쏟아내는 사람도 있다. 가슴을 후벼 파는 폭언을 서슴지 않고, 조롱을 잔뜩 담아 빈정대기도 하며, 상대가 나가떨어지는 모습을 보고 코웃음을 치기도 한다. 시답잖은 소문을 퍼뜨려 다른 사람의 사회적 신용을 떨어뜨리려 하는 사람도 있다. 이런 종류의 악의에 면역이 없는 사람은 마음에 큰 타격을 입기 쉽다.

우리는 이런 매정한 무리에 잘 대처해야 한다. 가까이 있는 사람들이 전부 내 편은 아니다. 나쁜 짓을 한 적도 없는데 괜히 나에게 적의를 품는 사람도 있다. 스스로를 보호하기 위한 최소한의 예방책은 마련해 두자.

잠시 방심한 마음의 틈새로
악의가 스며들지 않게 하자

제대로 된 사람이라면 '사람으로서 해서는 안 되는 일'이 무엇인지 안다. 하지만 살다 보면 때때로 마가 끼거나, 방심하거나, 분노로 제정신이 아니거나, 주위의 부추김으로 우쭐해지는 때가 있게 마련이다. 이럴 때 생기는 마음의 틈새로 악의가 스며들게 마련이다.

다른 사람의 험담을 듣고 자신도 모르게 씩 웃어 본 적은 없는가?

화를 못 이기고 상대방에게 입에 담지 못할 온갖 욕을 퍼부은 적은 없는가?

이런 짓을 하다 보면 도리어 내게 화가 돌아올 뿐이다. 선의의 마음이 흔들리지 않도록 항상 주의를 게을리하지 않도록 하자. 늘 깨어 있어 스스로를 경계하는 태도는 나의 수호신이자 길잡이와도 같은 존재다.

안전과 행복을 희생하면서까지
부탁을 들어줄 필요는 없다

나와 친밀한 사람이 내게 말도 안 되는 부탁을 한다면 어떻게 해야 할까? 의리를 지키기 위해서 그 사람의 말을 들어 줘야 할까? 내가 손해를 뒤집어쓸 일이 불 보듯 뻔한데? 절대 아니다. 평생 후회할 거리를 만들 짓은 안 하는 것이 낫다. 까딱했다가 훗날 어떤 사태가 나를 덮칠지 알 수 없으니까.

아무리 친한 사람이라도 결국 남은 남일 뿐이다. 내 안전과 행복을 희생하면서까지 남의 부탁을 들어줄 필요는 없다. 상대방이야 잠깐 불쾌할 수 있겠지만, 내가 끝없는 고통에 휘말릴 것 같다면 처음부터 단호하게 쳐내는 게 좋다.

험한 말은 총알이 몸을 뚫고 지나가듯 마음에 큰 구멍을 남긴다

상냥하고 따뜻한 말은 듣는 이를 행복하게 한다. 그러나 험한 말은 듣는 이를 불행하게 한다. 언어폭력이라는 말이 괜히 있는 것이 아니다. 폭언과 험담은 마치 총알이 몸을 뚫고 지나가듯 마음에 큰 구멍을 낸다. 빈정거리는 말과 독설은 듣는 이의 마음을 서서히 도려낸다. 말 때문에 생긴 마음의 상처는 좀처럼 아물지 않는다.

세상만사는 전부 말로 주고받는 것이다. 사랑받기 위해서는 항상 비단결 같은 말, 상냥하고 따뜻한 말씨를 쓰도록 노력해야 한다.

절대 날카로운 말을 내뱉지 않도록 하자. 누구에게나 따스한 봄바람처럼 부드럽게 말을 거는 것이 좋다.

겸손한 척도 근사한 척도
모두 경멸의 대상이 된다

남들 앞에서 겸손한 모습을 보이고 싶다 해서 일부러 스스로를 비하하며 작게 보이도록 꾸밀 필요는 없다. 반대로 남들 앞에서 멋진 모습을 보인답시고 온갖 허영을 부릴 필요도 없다. 언제든 도가 지나치면 상대방을 질리게 만들 뿐이다. 사람들의 얼굴에 어리는 경멸의 빛을 놓치지 말자.

또 한 가지. 자기 눈앞에 있는 사람을 이러쿵저러쿵 평가하는 것도 현명하지 못하다. 기껏해야 그 사람에게 아부하거나, 아니면 대놓고 욕하는 말이나 늘어놓게 될 테니까. 결국에는 스스로 무덤을 파는 꼴이 될 뿐이다.

모두와 친하게 지내는 것보다
적당한 거리를 유지하는 편이 낫다

누구하고나 친하게 지내는 건 얼핏 보기에는 좋은 것 같지만, 사실 현명한 선택이 아니다. 너무 가까워지다 보면 숨겨야 할 부분까지 상대에게 전부 들킬 수 있기 때문이다.

자신에게 다가오는 모든 사람에게 잘해 줄 필요는 없다. 동경의 대상이 되고 싶다면 오히려 적당한 거리를 유지하는 편이 좋다.

결정적인 패는 아슬아슬한 순간까지
감추고 있는 것이 좋다

당신이 생각하는 바를 사람들 앞에서 쉽게 말해 버리지 말자. 하다못해 일상적인 대화에서도 무방비 상태로 본심을 흘리지 않는 것이 좋다. 카드 게임에서 패를 들키게 되면 이내 모든 돈을 잃게 되듯, 내 생각을 남들에게 드러내면 그 끝은 결코 좋지 못할 것이다.

결정적인 패는 아슬아슬한 순간까지 품속에 감추고 있는 것이 좋다. 사람들은 내가 숨기고 있는 패가 무엇인지 궁금해할 테고, 기대하게 될 것이다.

나의 생각을 분명히 말한다고 해서 반드시 사람들의 존경을 받는 것은 아니라는 사실을 기억하자. 오히려 악의에 찬 비난만 듣게 되는 경우가 허다하다. 만약 그 생각이 어긋나기라도 하면, 불행은 그만큼 더욱 커질 것이다.

서로 넘지 말아야 할 선을 지키는 것이
상대를 존중하는 길이다

인간관계에서는 결코 정도를 지나쳐서는 안 된다. 늘 절도를 유지하면서 서로의 주체성을 존중하는 것이 관계를 형성하는 가장 좋은 방법이다.

남의 일에 참견하거나 상대가 하는 말을 그대로 따라서는 안 된다.

자신의 행동이나 사상에 대해 다른 이가 참견하도록 허락해서도 안 된다.

다른 사람과 자신 사이에는 넘어서는 안 되는 선이 있다. 이걸 확실히 지키는 것이 상대를 존중하는 길이다.

의심을 받거든 변명보다
행동으로 증명하라

실수를 저질렀을 때는 잘못을 인정하고 사과해야 한다. 자신의 죄를 가볍게 만들기 위해, 혹은 자신의 입장을 합리화하기 위해 변명을 늘어놓는 것은 굉장히 꼴사나운 짓이다. 하지도 않은 잘못을 했다고 털어놓는 것과 다를 바가 없다.

왜 그런 실수를 했는지 상대가 알고 싶어 하더라도 필요 이상으로 변명을 늘어놓아서는 안 된다. 이미 저지른 실수에 더하여 상대방에게 불신감까지 주는 꼴이니, 도리어 '믿을 수 없는 사람'이라는 낙인이 찍히게 된다. 그러므로 다른 사람들이 나를 의심하는 것 같으면, 백 마디 말로 변명하는 대신 한 번의 행동으로 결백을 증명하는 것이 낫다.

지나친 농담은 상처 주기 쉽고, 싱거운 농담은 분위기를 망치기 쉽다

농담할 때는 반드시 때와 장소를 살피도록 하자. 농담이 너무 지나치면 상대에게 상처를 주거나 원망을 살 수 있다. 오해가 오해를 낳고, 심각한 다툼으로 커질 수 있다. 반대로 싱거운 농담은 도리어 즐거웠던 분위기를 다 망쳐 버리곤 한다.

농담을 사람들의 건전한 웃음을 유도하는 윤활유로 활용하기 위해서는 숙련된 기술이 필요하다. 분위기를 정확하게 읽어내고, 그 자리에 있는 사람들의 성향이나 기분을 추측하는 것도 필요하다. 어설픈 솜씨로는 이것을 해내기가 어렵다. 우선은 의사소통 능력을 갈고닦는 것부터 시작하는 것이 좋다.

어쩌면 일어날지도 모르는 일에
대비하며 살아라

'반드시 일어날 일'과 '어쩌면 일어날지도 모르는 일'이 있다. 그중 '어쩌면 일어날지도 모르는 일'을 경계해야 한다.

시대의 흐름을 제대로 읽고, 나의 앞길을 가로막을 장애물을 예측하고, 앞으로 만날지도 모를 사람들의 행동이나 사고방식을 예측해 보는 등 늘 대비를 게을리하지 않아야 한다. 이렇게 해야 비로소 내가 취해야 할 행동이 무엇인지를 알 수 있으리라.

135

어리석은 사람과 어울리면
나만 피해를 입을 뿐이다

어리석은 사람을 알아보지 못하는 사람은 어리석다. 상대가 어리석다는 것을 알면서도 어울리는 사람은 더욱 어리석다.

어리석은 이들은 겉보기에는 그럭저럭 괜찮아 보이지만, 얼마 가지 않아 껍질이 벗겨지게 마련이다. 사소한 일에도 난리를 피워 사람들을 혼란에 빠뜨리고, 아무런 반성 없이 이런 행위를 되풀이한다. 그러니 늘 불행을 몰고 다닐 수밖에 없다.

이런 사람과 사귀다가는 피해만 입게 될 뿐이다. 미리 선을 긋는 것이 자신에게 유리하다.

잃을 게 없는 사람과는
절대로 다투지 마라

싸움을 할 때는 반드시 상대를 골라서 해야 한다. 특히 더는 잃을 것이 없는 사람과의 싸움만큼은 절대로 하지 마라.

명예도 신용도 재산도 없고, 양심도 수치심도 없는 사람들은 세상에 무서울 것이 없다. 수단과 방법을 가리지 않고 달려들어 물어뜯기를 서슴지 않는다. 어찌어찌하다가 운이 좋아서 이겼다고 하더라도 우리가 얻을 것은 거의 없다. 오히려 이런 사람들과 싸웠다는 것 자체가 자신의 가치를 깎아내리는 행동으로 작용한다.

자신의 이름을 자랑스럽게 여길 줄 아는 사람과 사귀어라

명예를 소중히 여기는 것은 올바른 삶의 근원이다. 명예를 중시하지 않는 사람은 보통 별 생각이 없고, 따라서 든든하게 의지할 만한 상대도 못 된다.

명예심이 있고 책임감이 두터운 사람은 무거운 책임이 걸린 일을 충분히 나눠 질 수 있는 사람이다.

명예심이 있는 사람과는 혹시 다투게 되더라도 신뢰를 배신당할 일은 없을 것이다. 절개도 지조도 없는 이와 사이좋게 지내느니, 정의로운 이와 다투는 편이 오히려 더 명예롭다.

위험한 상황에서 가장 안전한 생존법은
'못 본 척', '못 들은 척'

우리는 살아가면서 수많은 사람을 만나게 된다. 하지만 그 모두와 잘 지낼 수 있는 것은 아니다. 때로는 서로에게 상처만 주는 관계를 맺기도 하고, 생각만 해도 불쾌하기 짝이 없는 관계를 맺기도 한다. 때로는 스치기만 했는데도 생각지도 못한 위험으로 나를 끌어들이는 이를 만나기도 한다. 이렇게 나에게 해를 주는 이들과는 애초에 관계를 맺지 않는 것이 현명한 사람의 태도이다.

사람을 사귀는 일을 항해로 비유하자면, 생각지도 못한 암초에 걸려서 난파될 수도 있는 위험천만한 여정이라고 할 수 있다. 고대 그리스의 전설적인 시인 호메로스는 서사시 〈오디세이아〉에서 현자 오디세우스의 입을 빌려 이런 말을 남겼다. "위험에서 멀어져라."

항상 제일 안전한 방법은 '못 본 척하는 것', '못 들은 척 하는 것'이다.

어려운 사람에게 부탁하려면
기분이 좋을 때를 노려라

세상에는 '부탁하기 쉬운 사람'과 '부탁하기 어려운 사람'이 있다.

마음 약한 상대라 거절을 잘하지 못한다면 별 어려움 없이 쉽게 부탁할 수 있다. 그러나 부탁하기 어려운 사람에게는 무언가 특수한 기술이 필요하다.

우선 상대가 기분이 좋을 때를 노리자. 다만 나의 의도를 처음부터 알게 해선 안 된다. 상대가 나보다 한 수 위인 경우, 부탁도 하기 전에 거절당하는 경우가 있기 때문이다. 상대가 거절하지 못하도록 미리 약간의 구실을 만들어 놓는 것도 좋다. 거절하고 싶어도 거절할 수 없는 상황을 만드는 것이다. 상대가 양심적일수록 그 효과는 크다.

하지만 이런 기술은 양심이라고는 눈곱만치도 찾아볼 수 없는 사람에게는 통하지 않을 것이다. 아니, 그 전에 이런 사람에게는 아예 중요한 부탁을 하지 않는 것이 좋다.

상대방의 부탁을 승낙하거나 거절할 때는
천천히 하는 것이 좋다

상대방의 요청에 'YES'나 'NO'라고 대답하는 것은 쉽지만, 그 전에 충분히 고민하고 대답하는 것이 중요하다. 별 생각 없이 'YES'를 남발하다가는 자기 목을 조르는 꼴이 되기 쉽다. 'NO'라는 말을 잘하지 못하는 사람은 무슨 말이든 다 들어주는 호구 취급을 받기 십상이다.

마음 착한 사람일수록 'NO'라고 말하기를 꺼린다. 하지만 때로는 마음을 모질게 먹고 분명하게 거절해야 할 때가 있다. 그렇다고 해서 무엇이든 듣자마자 바로 거절해 버리는 것은 좋지 않다. 요청을 받아들일 때도 신중하게 고민하고 나서 답하듯, 거절할 때도 시간을 두고 천천히 하는 것이 좋다. 상대가 결정을 재촉한다 하더라도 가능한 한 시간을 끈 다음에 거절하도록 하자. 시간이 지나는 사이에 기대감이 옅어지기 때문에, 억지를 쓰던 상대방도 비교적 평온하게 나의 거절을 받아들일 것이다.

남에게 받은 은혜는
잊지 말고 보답하자

남에게 받은 은혜를 잊지 않고 늘 의리를 지키는 이야말로 '훌륭한 사람'이다. 이런 사람은 작은 선물 하나를 받아도 진심을 다해 보답한다.

보답을 받는 입장에서는 상대가 보낸 선물보다 상대의 마음이 담긴 공손한 태도가 더 귀하게 느껴진다.

받은 것이 있다면 주는 것도 소홀히 해서는 안 된다. 자신의 가치를 더욱 높일 수 있는 행동이다.

재능 있는 사람보다
땀 흘리는 사람이 존경받는다

사람들은 타고난 재능을 발휘해 성공한 천재를 동경하고 찬미한다. 하지만 거기까지일 뿐이다. 자신과는 다른 존재라는 생각에 섣불리 다가가지 않는다.

똑같은 성공을 거두더라도, 보기 드문 노력 끝에 목표를 이룬 사람에게는 모두 친근감을 느끼고 호의를 보인다. 결국에는 '재능'보다 '땀'을 더 좋아하는 경향이 있기 때문이다.

타고난 재능은 말하자면 토대와도 같다. 그 위에 꾸준한 노력을 쌓아올려야 비로소 훌륭한 건축물이 완성되는 것이다. 만인에게 인정받는 성공한 사람이란 이런 이를 말한다.

그러나 혼자만의 힘으로는 여전히 한계가 있다. 사람들에게서 사랑과 지지를 받아야 비로소 성공의 꽃이 활짝 필 수 있다는 사실을 잊지 말자.

4장

행복을 거머쥐는
사람들의 필수품

평범한 사람이 행복한 삶을 꾸린다

마음속 악인이 고개를 들어도
두려워하지 말라

사람은 누구나 두 가지의 상반된 성격을 갖고 있다. '늘 정정 당당하고 착한 사람'의 모습과 '천박하고 추한 악인'의 모습이 그것이다.

항상 착한 사람의 성격으로 사는 것이 가장 이상적인 삶일 것이다. 하지만 인간이란 불완전한 생물이라, 때로는 악한 성격이 슬그머니 고개를 들 때도 있다. 그러나 자책할 필요는 없다. 중요한 것은 내게 악인의 성질이 있다는 것을 깨닫는 것 자체이다. 그것을 깨닫게 되면, 내 마음 속 악인의 성향을 충분히 억제하고 바꿀 수 있다.

선한 마음이 중심이 되는 삶을 살아야 한다. 늘 기품 있게 살아가는 것이 가장 좋은 삶이다.

시대를 초월하는 능력은 없어도
지혜는 없어지지 않는다

어느 시대건 그 시대만의 독특한 흐름이 있다. 아무리 뛰어난 능력을 갖고 있어도 시대에 맞지 않으면 그 능력을 충분히 발휘할 수 없다. '시대를 잘못 타고난 사람'이라는 평가를 받는 사람들이 주로 이런 이유로 불운한 삶을 살다 가곤 한다.

모든 일에는 적절한 타이밍이라는 게 있다. 시대를 초월해 살아가는 건 불가능하다. 냉정하게 들리지 모르지만 이것이 현실이다. 다만 평생에 걸쳐 익힌 지혜만은 틀림없이 오래오래 후세에 이어질 것이다.

성공은 시대에 좌우되지만,
도덕은 시대에 좌우되지 않는다

시대는 시시각각 변화하고 있다. 지금까지 잘 해 왔다고 해서, 똑같은 방법이 앞으로도 통하리라는 보장은 없다. 중요한 것은 변해가는 시대의 흐름을 정확하게 읽어내고, 현재를 받아들이는 유연한 자세를 갖는 것이다.

시대의 흐름을 무시한 성공은 있을 수 없다. '옛날 그 좋았던 시절'을 그리워하면서도 겉으로는 유행하는 옷을 입듯이, 정신에도 현대적인 옷을 입혀야 한다.

다만 이러한 처세술은 덕을 쌓는다는 측면에서 보면 옳다고 하기는 어렵다. 왜냐하면 도덕이라는 것은 불변하는지라, 시대에 따라 좌우되는 일이 없기 때문이다.

지혜로운 사람은
떠날 때 박수갈채를 받는다

누구나 무대에 처음 설 때는 박수갈채를 받는다. 그러므로 우쭐해할 것 없다. 오히려 무대에서 떠날 때 얼마나 박수를 받느냐가 더 중요하다.

어떤 조직에서든, 모두가 떠나보내길 안타까워하는 사람은 많지 않다. 보통 새로 온 사람에게 친절하고 가는 사람에게는 냉담하기 때문이다.

불행한 사람들은 대개 인생의 전반기는 행복하게 보내지만, 후반기는 비참하게 보내는 경우가 많다. 매사에 항상 마지막을 염두에 두고 임해야 한다.

시작할 때 끝을 생각하는 것이야말로 출발선에 선 자의 올바른 마음가짐이다.

버림받기 전에
먼저 버리는 것이 현명하다

남에게 버림받기 전에 자기가 먼저 버리는 것이 현명하고 분별 있는 행동이다. 꾸물거리다가 시기를 놓치면 죽도 밥도 아니게 된다.

태양은 해질녘 빛이 옅어지기 전에 구름 속에 몸을 숨겨, 스스로 저무는 모습을 보이지 않으려 한다. 기수가 지치기 전에 말에서 내려오는 것은 승마장 한가운데에서 낙마해 비웃음을 사지 않기 위해서이다.

다른 사람들이 '아직 한참은 더 할 수 있는데……' 하며 미련을 버리지 못할 때, 박수를 받으며 무대에서 내려와 풍요로운 마음으로 여생을 즐길 수 있기를 바란다.

그치지 않는 비는 없고,
동트지 않는 밤은 없다

노련한 선장은 항해 중 폭풍우를 만나면 돛을 내리고 닻을 고정한 다음, 안전한 항구로 잠시 피신한다. 그는 이것이 가장 현명한 방법이라는 사실을 잘 알고 있다.

인생의 항로에서도 폭풍우를 만났을 때의 대처 방법은 크게 다르지 않다. 폭풍우를 벗어나려 아무리 발버둥을 쳐 봤자 소용없다.

명의는 환자의 증상에 따라 투약을 잠시 보류하기도 한다. 때로는 아무것도 하지 않는 것이 치유를 위한 지름길이 되기도 한다는 것을 알기 때문이다.

폭풍우는 영원히 휘몰아치지 않는다. 때가 되면 다 그치기 마련이다.

행운이 찾아오면 전력투구하고, 운이 따르지 않으면 조용히 물러나라

우리는 자신의 운명과 마주할 수 있어야 한다. 어떤 행동을 취해야 할지, 어떤 일을 해야 할지를 결정하는 것은 그다음이다. 자신의 운명을 통제할 수 있는 능력은 행복한 삶을 살기 위한 기술 중 으뜸이다.

사람의 운에는 적절한 '때'라는 것이 있다. 운이 좋아지기를 우두커니 기다리는 것도, 때를 봐서 자신이 갖고 있는 운을 온전히 이용하는 것도 모두 이러한 '기술'이다. 일단 나에게 행운이 찾아왔다는 것을 깨닫는 순간, 망설이지 말고 용기를 내어 전력투구하라. 반대로 운이 따라주지 않을 때라는 생각이 들면 아무것도 하지 말고 가만히 있는 편이 낫다.

지혜로운 사람은
그 날의 운을 점치지 않는다

무슨 일을 해도 잘 풀리는 날이 있는가 하면, 반대로 무슨 일을 해도 하는 족족 실패하는 날이 있다. '재수가 있다', '재수가 없다'는 말은 이럴 때 쓴다.

오늘이 재수 없는 날이라는 걸 알았다면 무리하지 말아야 한다. 반대로 하는 일마다 술술 잘 풀리는 날도 있다. 이런 기회를 잘 이용하느냐, 그렇지 못하느냐가 성공과 실패의 갈림길이 된다.

지혜로운 사람은 하나만 보고 그 날의 운세를 점치지 않는다. 아주 운 좋은 날처럼 보여도 그저 반짝 찾아온 단편적인 행운일 수 있는가 하면, 반대의 경우도 그저 조금 불쾌한 사건이거나 하는 경우가 있기 때문이다.

승률 좋은 도박사는 아직 운이 좋을 때
게임에서 손을 뗀다

불운이 영원히 지속되지 않는 것처럼, 행운 역시 일시적인 것이다. 한번 운이 좋았다고 해서 이것이 끊임없이 계속되지는 않는다.

승률 좋은 도박사는 아직 운이 좋을 때 게임에서 손을 뗀다고 한다. '지금은 운이 좋지만, 앞으로도 그러리란 보장은 없다. 행운이 연속해서 일어났다면, 불운이 일어날 가능성도 높아진 것이다'라는 사실을 잘 알고 있기 때문이다. 때를 봐서 미련 없이 물러나는 것은 용감하게 공격을 계속하는 것보다 훨씬 더 중요하다.

행운이 이어진다 해도 절대 들뜨지 마라. 행운의 여신은 지치기 쉬운 체질이라, 한 사람을 너무 오래 그 어깨에 올려놓지 않는다.

사람이 가져오는 불행은
사려 깊게 살피면 피할 수 있다

행복과 불행은 연쇄 반응을 일으킨다.

행복한 사람은 언제나 싱글벙글하다. 늘 웃으며 지내기에 주위에도 웃음 가득한 사람들이 몰려든다.

불행한 사람에게는 사람들이 가까이 가려 하지 않는다. 자신의 불운을 한탄하며 세월을 보내는 이에게는 똑같이 우울한 표정을 지은 사람들만이 몰려들 뿐이다.

하늘에서 내리는 불행이 있는가 하면, 사람으로 인해 찾아오는 불행도 있다. 사람이 가져오는 불행은 사려 깊고 지혜롭게 살피면 피할 수 있다.

운명의 여신은 작은 틈이라도 발견하면
가혹한 장난을 치고 싶어 한다

살다 보면 방심하다가 인생이 크게 흔들릴 때가 있다.

'평상시 같으면 이런 실수는 하지 않았을 텐데……'

'왜 그때 좀 더 주의하지 않았을까.'

이런 생각이 들 때는 이미 늦었다. 아무리 현명한 사람이라도 아무리 강하고 용기 있는 사람이라도 방심하다가는 순식간에 디딜 곳을 잃게 된다.

우리는 가장 주의를 기울여야 할 때에 경계를 늦추곤 한다. 약간의 방심으로 모든 것을 잃게 되지 않도록 주의하자. 운명의 여신은 작은 틈이라도 발견하면, 가혹한 장난을 치고 싶어 한다. 일이 잘 진행될 때일수록 틈을 보여서는 안 된다.

154

말이 많은 사람일수록
말실수도 많아진다

한번 입 밖에 낸 말은 반드시 책임져야 한다. 내뱉은 말을 실천에 옮기지 않으면 거짓말쟁이가 된다. 지키기 어려운 구두 약속 같은 것은 하지 않는 편이 좋다. 침묵이 금이라는 말이 괜히 있는 것이 아니다.

그러나 침묵을 지키기란 생각보다 쉽지 않다. 주위 사람들이 이런저런 방법을 동원해 입을 열게 만들려 하기 때문이다. 이러한 유혹에도 흔들림 없이 자신을 다스릴 수 있다면, 쓸데없는 발언으로 스스로를 궁지에 빠뜨리지 않을 것이다.

경박한 사람일수록 수다쟁이다. 말이 많은 정치가는 말실수도 많이 한다. 너무 많은 말은 정신의 빈곤함과 이성의 불건전함을 증명한다. 자기 혀 하나 제대로 통제하지 못하는 사람은 '나는 어리석습니다'라고 동네방네 광고하는 꼴이다.

앞길이 보이지 않을 때는
반응을 떠보는 것이 좋다

미지의 분야에 도전할 때는 불안함과 망설이는 마음이 생기게 마련이다. 앞길도 보이지 않고, 결과도 예측할 수 없으니 당연한 일이다.

이러한 불안감을 조금이라도 줄이고자 한다면, 주위 상황을 슬쩍 떠보는 것은 어떨까? 정보를 일부러 조금 흘려 보거나, 뭔가 의미 있어 보이는 행동을 하거나 한 뒤 주위의 반응을 살펴보는 것이다. 그리고 그것을 바탕으로 나의 계획을 그대로 실행할지, 아니면 조금 더 다듬어 볼지를 판단하는 것이 좋다. 어떤 일을 진행시킬 때뿐만 아니라, 다른 사람에게 무언가를 부탁하거나 요구하고자 할 때도 제법 효과가 있을 것이다.

우리 몸의 중요 기관이 그러하듯, 중요한 것들은 항상 두 개씩 준비하라

지금 내 손 안에 있는 것이 앞으로도 쭉 내 것이리란 보장은 없다. 누군가에게 빼앗길 수도 있고, 언젠가는 사라질 수도 있다. 그러므로 그것을 대신할 만한 것을 항상 준비해 놓는 것이 좋다.

우리 몸에는 중요한 기관이 다 두 개씩 갖춰져 있다. 이렇게 이중으로 대비한 것은 그야말로 자연을 관장하는 신의 현명한 헤아림이라고 할 수 있다.

미모조차도 너무 눈에 띄면
질투와 미움을 부른다

아무리 뛰어난 재능을 갖고 있다고 하디라도, 지나치게 눈에 띄면 오히려 단점이 눈에 들어오게 마련이다.

이 세상에는 기발한 옷차림이나 비상식적인 언동 등으로 튀고 싶어하는 사람들이 있다. 하지만 그걸 보는 사람들이 그들을 칭찬할 리는 없다.

유별난 짓을 자주 하는 사람은 튀기 때문에 사람들이 싫어한다. 미모조차도 너무 눈에 띄면 다른 사람의 질투나 미움을 부를 수 있다. 너무 튀어 보이려고 하다가 오히려 손해를 보지 않도록 주의하자.

몇 번을 강조해도 말은
신중히 하는 게 좋다

중요한 이야기를 할 때는 항상 내용을 철저히 준비한 다음 말해야 한다. 일단 말이 입 밖으로 나오면 다시 돌이킬 수 없다. 말할 내용을 충분히 곱씹으며 조금씩 신중하게 말하도록 하자. 설명이 부족해서 보충하는 것은 나중에도 얼마든지 가능하니까.

일상에서 대화를 나눌 때도 마찬가지다. 중요한 이야기를 하기 위한 연습이라고 생각하며 늘 신중하게 말하는 습관을 들이자. 경솔한 발언을 한다면 바로 공격과 비난을 받기 십상이지만, 가볍지 않은 이야기에는 신비한 여운이 있어 신뢰를 얻게 마련이다.

나의 불행을 남이 동정하도록
내버려 두지 마라

    나의 불행한 이야기를 털어놓으면 상대방이 귀를 기울여 주기는 할 것이다. 하지만 진심으로 동정해 주는 사람이 얼마나 될까? 사실은 '남의 불행이 곧 나의 행복이지'라는 생각으로 흥미진진하게 듣기 일쑤다.

    이와 반대로, 다른 사람에게 도움받은 이야기를 하며 무척이나 고마워하는 태도를 보이면 어떻게 될까? 이야기를 듣는 상대방은 자신도 더욱 큰 도움을 주고자 하는 마음이 들 것이다. 이렇게 도움받은 이야기를 주위 사람들에게 퍼뜨리다 보면, 그들은 당신에게 앞다투어 도움을 주려 할 것이다. 이렇게 하면, 처음 당신이 받은 은혜와 신용을 더욱 많은 사람에게 퍼뜨릴 수 있게 된다.

나에게 득이 된다는 상대의 제안은
계략일 뿐이다

교섭에 나설 때는 상대방이 곧 적이라고 생각해야 한다. 무슨 수를 써서라도 눈앞의 적을 제압해야 한다. 물론 상대방 역시 모든 수단을 동원해 승리를 거두고자 할 것이다.

상대방이 "이렇게 하는 편이 당신에게 득이 됩니다" 하고 제안할 때는 무언가 꿍꿍이를 가지고 있는 것이 틀림없다고 생각하는 것이 좋다. 내가 작은 틈이라도 보였다가는, 기다렸다는 듯이 태도를 싹 바꿔 자신의 목적을 달성하고자 달려들 것이 뻔하다.

적의 책략에 말려드는 순간 지는 것이다. 이렇게 되기 전에 먼저 적의 강점과 허점을 간파하여 선수를 쳐야 승산이 있다.

상대가 숨기고 있는 진짜 목적이 무엇인지 꿰뚫어보고, 마치 이미 모든 것을 알고 있었다는 듯이 선제공격을 날리는 것이 효과적이다.

상대방을 내 뜻대로 움직이게 하고 싶다면
그의 욕망부터 파악하라

다른 사람을 움직이게 하기 위해서는 반드시 동기가 필요하다. 이 동기를 파고 들어가면 욕망에 다다른다. 어떤 사람은 명예욕에, 어떤 사람은 금전욕에, 또 어떤 사람은 쾌락의 욕망에 지배당하고 있기도 하다.

욕망은 가장 원초적인 본성에서 비롯된다. 욕망을 채울 기회를 놓치지 않기 위해 사람들은 필사적으로 매달린다. 기회가 주어지면 제안을 덥석 물어 버리고 만다. 그러므로 욕망은 그 사람의 약점이기도 하다.

만약 다른 사람을 통제하고 싶다면, 상대가 무엇을 원하는지 살펴야 한다. 그 사람을 지배하는 욕망이 무엇인지를 알게 되면 내 입맛대로 조정하는 것도 가능하다.

너무 완벽해서
비난의 대상이 되는 경우도 있다

고대 그리스의 도시국가, 아테네에는 '오스트라시즘'이라는 제도가 있었다. 투표권이 있는 사람들이 광장에 모두 모여서, 마음에 들지 않는 사람의 이름을 도자기 조각에 적어 투표하는 것이다. 가장 많은 표를 받은 사람은 5년 혹은 10년간 외국으로 추방됐다. 만약 추방된 사람이 정말로 나쁜 짓을 일삼는 사람이었다면 별 문제가 없었을 것이다. 그런데 이 도편추방제에 걸려들면 아무리 훌륭한 인물이라도 내쫓겨야 했다는 게 문제다. 개중에는 '이 사람은 단점다운 단점이 없다. 그저 너무 완벽해서 재수가 없을 뿐'이라는 이유로 추방된 사람도 있었다니, 어처구니가 없다.

벼락은 가장 키가 큰 나무의 꼭대기에 떨어지게 마련이다. 사람들의 비난도 가장 공적을 많이 쌓은 이의 머리 위에 떨어진다고 보면 된다. 현명한 사람이라면 가끔은 어리석음을 가장하는 것도 살아남기 위한 좋은 방법 중 하나이다. 가끔 일부러 공식 석상에서 조는 척을 했다는 위대한 시인 호메로스처럼.

혼자 있을 때도 수많은 눈이
나를 지켜보고 있다고 생각하라

　무슨 일에건 용의주도한 사람은 혼자 있을 때도 항상 많은 사람 앞에 있는 것처럼 행동한다. 수많은 눈이 언제나 나를 지켜보고 있다고 의식하면, 매사 신중하게 일을 처리하고 올바르게 행동하고자 노력하게 된다.

　이것이 자연스럽게 몸에 익으면, 중요한 순간에도 동요하지 않게 된다. 그리고 흔들림 없는 자신감으로 이어진다.

164

모든 처세술은
하나의 메시지로 통한다

이 세상을 살아가기 위한 요령을 소위 '처세술'이라고 한다. 고대의 현자가 베푼 가르침부터 큰 성공을 거둔 현대인들이 자신의 노하우를 정리한 것까지, 처세술의 종류는 수도 없이 많다.

하지만 모든 처세술에는 하나의 공통적인 메시지가 있다. 바로 '덕을 쌓아야 한다'는 것이다. 제아무리 노련한 전법이나 깨알 같은 생활의 지혜라도, 결국은 '높은 도덕'의 발끝에도 미치지 못한다.

일을 이루는 사람은
천천히 서두른다

생각나는 것을 바로 행동으로 옮기면 실패하는 경우가 많다. 반드시 가능한 모든 결과를 고려해 본 다음에 발을 내딛는 것이 좋다.

하지만 지나치게 조심하는 것도 좋지 않다. 앞날이 너무 빤히 보이면 오히려 주저하게 된다. 그러다 보면 막상 행동하기도 전에 때를 놓치는 사태에 빠질 수 있다.

익은 과일은 제일 맛있을 때 재빨리 먹어야 한다. 너무 익어 버리면 곧 썩어서 도저히 입에 댈 수 없다.

오늘 과감하게 행동을 개시하면 일의 절반은 이룬 셈이나 마찬가지다. '천천히 서두르라'라는 말은 당신에게 최상의 격언이 될 것이다.

166

성공을 위한
특효약 같은 건 없다

행운을 잡기 위해서는 기술이 필요하다. 현명한 사람은 행운이 우연히 주어지는 것이 아니라 노력해서 손에 넣어야 한다는 사실을 알고 있다.

이따금 행운의 여신을 모신 신전 앞에 가만히 앉아 문이 저절로 열리기만을 기다리는 이가 있다. 하지만 현명한 사람은 그러지 않는다. 미덕과 용기의 날개를 달고 직접 여신 앞으로 날아가, 그 마음에 들도록 현명하고 대담하게 말을 걸며 행운을 잡고자 한다.

하지만 사실 성공을 위한 특효약 같은 건 없다. 오로지 성실함과 노력이 있을 뿐이다. 자신이 하는 일에 대해 늘 열심히 고민하고 있는지 되돌아보는 것이야말로, 행운을 기다리기만 하는 사람과 행운에 직접 다가가는 사람의 차이다.

기회를 앞에 두고 꾸물거리는 것보다
일단 행동하고 실패하는 편이 낫다

기회가 찾아왔을 때, 망설임 없이 결단을 내리고 행동을 시작하는 사람이 있다. 그 원동력이 되는 것이 바로 '자신감'이다. 이런 사람은 평상시에도 스스로를 단련하고 있기 때문에 체력, 지력, 정신력 등 모든 방면에 절대적인 자신감이 있다. 어떤 일에도 망설이지 않는 것은 그 때문이다.

비록 자신의 결단이 실패를 부르더라도 그의 자신감만큼은 흔들리지 않는다. 다음에 찾아올 더 큰 기회에 대비해 더욱 강하게 자신을 단련한다. 이런 사람에게는 실패 또한 하나의 새로운 기회가 된다.

평범한 사람들이
행복한 삶을 꾸린다

부자를 부러워할 필요는 없다. 재산을 지키기 위해 종일 긴장하고 있어야 하는데 무엇이 부러운가.

훌륭한 그릇을 부러워할 필요도 없다. 훌륭한 그릇일수록 깨지기 쉽지만, 싸구려 사기그릇은 질릴 때까지 오래오래 쓸 수 있으니까.

지나침은 모자란 것보다 못하다. 돈이 너무 많아도 안 되고, 너무 없어도 안 된다. 너무 잘생겨도 좋지 않지만, 너무 못생겨도 좋지 않다.

배를 곯지 않을 정도의 돈이 있고 그럭저럭 봐줄 만한 외모를 가진 사람이 많은 건, 신이 이런 사람을 사랑하기 때문일 것이다. 평범한 사람들이 의외로 행복한 인생을 꾸리는 것은 어쩌면 당연한 것이다.

지혜를 갖추고, 덕을 쌓고, 많은 경험을 하라

지혜롭지 않은 사람은 자신의 판단을 믿고 행동하지 못한다. 다른 사람에게 의지하고 그의 지시에 따르는 것 외에는 길이 없다. 덕이 없는 사람은 무슨 일을 해도 결실을 맺지 못한다. 사람들에게서 존경받지도 못한다. 경험이 없으면 무슨 일을 해도 불안정하다. 손으로 더듬거리며 끝도 보이지 않는 길을 걸어갈 수밖에 없다.

자기 발로 서서 자기 머리로 생각하는 진정한 의미의 자립적이고 강인한 삶을 원한다면, 지혜를 갖추고 덕을 쌓고 많은 경험을 해야 한다. 이 세 가지를 갖추면 무서울 것이 없다.

탁월한 지혜와 덕을 지닌 그리스의 철학자 디오게네스는 오로지 자신만을 믿고 의지했다. 그가 통나무 속에서 살면서도 불편함을 느끼지 않았던 것은 자신의 내면을 철저히 다져 홀로서기에 성공했기 때문이다.

해묵은 재능과 명성에
집착하지 마라

아무리 뛰어난 재능도 시간이 지나면 빛이 바랜다. 넘치던 재능도 점차 쇠하고, 온 세상에 자자했던 명성도 언젠가는 옛날이야기로 남는 법이다.

낡은 자신의 모습에 미련하게 집착하지 말자. 과거에서 빨리 탈피해 새로운 자신으로 태어나야 한다.

이집트 신화에 나오는 불사조는 수백 년에 한 번씩, 자기가 피운 불에 몸을 던져 늙은 육체를 태우고 젊은 모습으로 다시 태어난다고 한다. 해묵은 자신의 모습을 버리고, 완전히 새로운 자신으로 재생하는 삶의 방식을 불사조에게서 배우자.

해야 할 일은 최대한 빨리,
휴식과 즐거운 일은 되도록 느긋하게

우리의 일상은 활동과 휴식, 두 가지로 나뉜다.

여러 가지의 '활동' 중에서도 노동은 특히 괴롭고 힘들다. 반면에 휴식은 즐겁고 쾌적하다. 누구나 즐거운 시간을 억지로 줄이고 싶어 하지는 않는다. 그러므로 행복한 삶을 위해서는 '해야 할 일은 신속하게, 휴식과 즐거운 일은 느긋하게'를 생활의 신조로 삼으면 좋다.

정해진 일생 속에서도 시간을 잘 배분해서 쓸 수 있는 사람은, 시간을 즐기는 방법을 잘 알고 있는 사람이다.

인생이라는 여행길은
시기에 따라 즐거움이 다르다

인생은 평생에 걸쳐 걸어가는 여행길과도 같다. 여행은 왜 가는가? 즐기기 위해 가는 것이다. 즐겁게 걷다 보면 마음도 풍요로워지고, 몸도 활기를 되찾는다.

세대에 따라 여행을 즐기는 방법이 다르듯, 인생 또한 시기에 따라 즐기는 방식이 다르다.

유년기에서 청년기에 이르는 시기에는 고대의 현자들과 이야기를 나눠 보는 것이 중요하다. 고전을 많이 읽으면 자신을 알고 세계를 알게 된다.

장년기에는 반려자와 함께 세상의 많은 일을 보고 듣는 것이 좋다. 내 나라뿐만 아니라 다른 여러 나라까지도 돌아다니면서 새로운 지식을 축적하는 것이 유익하다.

만년에는 홀로 조용히 지금까지의 시간을 돌아보며 깊은 사색에 빠져 보는 것도 좋다. 이것이 인생의 마지막 즐거움이 될 것이다.

배가 터질 만큼 먹으면 고통스럽듯
원하는 것을 전부 손에 넣으면 불행해진다

"배는 8할만 채워라"라는 말이 있다. 배가 완전히 찰 때까지 먹는 것보다 '아직 배가 덜 부른데……' 싶은 때 숟가락을 내려놓아야 살이 덜 찐다는 것이다.

배가 터질 만큼 많이 먹는다면 오히려 고통스러울 뿐이다. 원하는 것을 전부 손에 넣고 나면, 희망은 홀연히 사라지고 행복은 불행으로 바뀐다.

지식도 마찬가지다. 무언가 더 알고 싶다는 마음, 호기심을 자극할 만한 요소들을 언제나 주변에 남겨 두도록 하자.

자신을 희생하면서까지 배려하는 사람은
이기주의자만도 못하다

자신의 이득밖에 생각하지 못하는 사람을 이기주의자라고 한다. 이기주의자가 원하는 것은 오로지 자신의 행복이다. 다른 사람을 위해 시간을 쓰는 것조차 그에게는 손해다. 당연히 주위 사람들도 그에게 배려를 보이지 않는다.

그러나 다른 사람들이 원하는 모든 것을 다 해 줄 필요도 없다. 이를테면 다른 사람에게 도움이 될 정보는 무엇이든 다 알고 있지만, 정작 자기에게 필요한 정보는 아무것도 모르는 사람이 있다. 이런 사람은 다른 이에게 호구 취급만 당할 뿐, 누구에게도 사랑과 존경을 받지 못한다.

다른 사람을 배려해 주는 건 좋다. 하지만 자신을 희생하면서까지 배려하다가는 이기주의자만도 못하게 된다.

고통스러운 일은
잊는 것이 최고의 묘약이다

잊어야 하는 것일수록 괜히 더 신경이 쓰이게 마련이다. 가장 필요할 때는 전혀 떠오르지 않으면서, 정작 필요 없을 때만 슬그머니 고개를 드는 것이 기억의 짓궂은 성질이다. 생각하고 싶지 않은 일일수록 또렷하고 상세하게 기억나니 답답할 노릇이다.

마음의 아픔은 그냥 잊어버리는 것이 최고의 묘약이다. 그러나 우리는 이런 훌륭한 묘약의 존재마저 잊고 살아가니, 참 얄궂은 일이다.

요령이 없다면,
요령 있는 사람의 행동을 따라 해 보자

뭐든 참 열심히는 하는데, 결과를 놓고 보면 노력한 만큼 나오지 않는 사람이 있다. 이런 사람들을 가리켜 '요령이 없다'고들 한다.

요령이 없는 건 쉽게 고쳐지지 않는다. 요령껏 잘해보려고 노력하면 할수록 자기 무덤을 파고 들어가는 꼴이 된다. 말하지 않아도 될 것을 말하기도 하고, 말해야 할 것을 새까맣게 잊기도 한다. 또 말을 해야 할 때에 하지 않고, 하지 않아도 될 때에 나서니 욕을 먹을 수밖에 없다.

이런 사람은 다른 사람의 행동을 잘 관찰해서, 요령 있는 행동 패턴을 몸에 익혀야 한다.

남의 평가에 너무 과민하게 반응하는 것은 어리석은 일이다

나의 행동을 누군가 비난한다 하더라도 곧바로 기죽을 필요는 없다. 그 사람이 아니더라도, 다른 누군가는 나를 인정해 줄지도 모르는 법이다.

반대로 누군가가 나의 행동에 칭찬을 보냈다 해서 곧바로 거만해서도 안 된다. 앞에서는 칭송하면서도 뒤에서는 호박씨를 까고 있을지 누가 알겠는가.

같은 것을 보고도 사람에 따라 생각하는 바는 다르다. 게다가 사람의 마음이란 변하기 쉬운 법이다. 그 날의 기분에 따라 생각이 바뀌는가 하면, 지나치게 감정적인 말을 내뱉는 경우도 꽤 많다.

내가 믿을 것은 오로지 나 자신뿐이다. 주위의 소음에 휘둘리지 않고, 자신의 믿음에 따라 당당하게 나아가면 된다.

남들이 내 본모습을 알아주기 원한다면 먼저 겉모습부터 제대로 가꿔라

겉모습을 꾸미는 것과 본질을 갈고닦는 것 중 어느 쪽이 더 중요할까? 아마도 본질을 수련하는 것이 더 중요하다고 대답하는 사람이 절대 다수일 것이다.

그러나 상대방의 본질을 바로 꿰뚫어 볼 수 있는 사람은 거의 없다. 보통은 우선 겉모습으로 상대방을 판단할 수밖에 없다. '본질'은 눈에 보이지 않지만, '겉모습'은 눈에 보이니까.

물론 '겉모습만 갖고 사람을 판단해서는 안 된다'는 말이 잘못된 것은 아니다. 하지만 일단 눈에 들어오는 것은 아무래도 겉모습일 수밖에 없다. 그러므로 나의 본질을 남들이 알아주기 원한다면 우선 겉모습부터 제대로 가꿔 보도록 하자. 사람들에게 좋은 첫인상을 주는 것이 우선이고, 본질을 어필하는 것은 그 다음이다.

사람의 입을 타고 전해지는 진실 가운데
왜곡되지 않은 경우는 거의 없다

귀에 들어오는 정보를 곧이곧대로 믿지 말자. 기껏해야 '카더라 통신' 수준의 이야기를 모두 사실로 받아들이는 것은 정말 위험한 짓이다.

어떤 이야기가 사람들의 입을 타고 전해지는 과정에서 그 진실이 왜곡되지 않는 일은 거의 없다고 봐도 된다. 말 전하기 게임을 해 봤다면 알 것이다. 중간에 사람이 하나씩 낄 때마다 자기 나름의 생각이 덧붙여져, 내용이 점차 이상하게 바뀌기 일쑤다.

색안경을 쓰고 보는 사람, 편견을 덧붙이는 사람, 자기 상상을 섞는 사람, 고의로 왜곡하는 사람……. 이러다 보니 여러 사람을 거쳐 전해진 정보가 진실과는 정반대의 양상을 띠는 경우도 있다.

소문은 대부분 진실과는 동떨어져 있을 때가 많다. 소문을 전하는 사람의 생각이나 마음을 읽어 허위나 과장을 간파할 수 있어야 한다.

싸고 빠른 것이 질이 떨어지는 것처럼 인생도 마찬가지이다

한 번에 대량 생산되는 것, 빨리 만들어지는 것은 싸게 구할 수 있다. 하지만 싼 게 비지떡이라고, 품질은 그다지 기대하지 않는 것이 좋다. 반대로 오랜 기간에 걸쳐 하나하나 정성 들여 만들어진 것은 가격은 비싸지만 그만큼 질이 매우 높다. 게다가 값싸게 산 것은 대강 쓰다가 망가지면 버리게 마련이지만, 큰돈을 들여 산 것은 조심스레 사용하다 보니 오래 쓰게 된다.

사는 것도 마찬가지다. 짧은 순간의 재미만을 좇으며 사는 것보다는 앞날을 길게 보고 알차게 살아가는 것이 더욱 가치 있는 삶이다. 주위로부터 존경의 시선을 받는 것은 덤이고.

행운은 갑작스레 찾아오지만 명성은 갑작스레 얻어지지 않는다

명성은 고생 없이 얻어지지 않는다. 매일 끊임없이 성실하게 노력하고, 마음을 바르게 하고 덕을 쌓아야 비로소 얻어지는 것이다. 명성을 얻은 인물이 사람들에게 존경받고 칭찬받는 것은 이 때문이다.

행운은 고생 없이 순간적으로 찾아온다. 재산과 지위는 결코 영원하지 않다. 하지만 명성만은 사람이 죽은 후에도 길이 전해진다. 명성이야말로 '열심히 살았다'는 것을 드러내는 가장 명확한 지표이다.

182

이유 없이 미움받고 싶지 않거든
먼저 상대방을 존중하라

우리의 마음속 깊은 곳에는 항상 다른 사람에 대한 적의가 숨어 있다. 타인에 대한 미움은 전혀 유쾌하지 않은 감정이지만, 별다른 이유도 없이 때와 장소를 가리지 않고 끊임없이 발생한다. 그러다 보니 사전에 예방하기도 힘들다.

이유 없이 생겨나는 미움을 방지할 수 있는 방법이 딱 한 가지 있다. 바로 상대방을 존중하는 것이다. 내가 존중을 받으면 상대방에게도 존중하는 태도를 취하게 마련이다. 나를 소중하게 대해 주는 사람에게는 미움을 가지지 못하는 법이다.

사소한 일에
너무 신경 쓰지 마라

이 세상에는 별것 아닌 세세한 일이 수없이 많이 일어난다. 그냥 내버려 두면 그만이지만, 한번 신경을 쓰게 되면 손을 놓을 수가 없다.

사소한 일을 두고 고민을 거듭하다 보면 귀중한 시간과 노력을 허비하게 된다. 그 결과 또한 무척 하찮은 경우가 허다하다. 그러다 보니, '그만큼 에너지를 쏟아 부었는데도 아무것도 얻은 것이 없다'는 생각에 좌절하게 된다.

가지와 잎에 눈이 팔려 있는 동안은 나무를 보지 못한다. 나무에 마음이 빼앗겨 있으면 숲이 보이지 않는다.

큰 그림을 파악하지 못한다면 자기가 어디에 있는지, 무엇을 해야 하는지도 모를 수밖에 없다. 자신을 잃는 순간 본질을 파악할 수 없게 되므로 반드시 주의해야 한다.

진실을 말하지 않는다고
거짓말쟁이가 되는 건 아니다

거짓말하는 건 당연히 좋지 않다. 그렇다고 진실이면 뭐든 다 술술 말해도 되느냐 하면, 그것도 아니다.

'진실'이라는 것만큼 조심히 다뤄야 할 것도 없다. 진실을 함부로 말했다가 자신은 물론이고 다른 사람까지 위험에 빠뜨리는 경우도 있다. 진실을 섣불리 이야기하지 않고 가만히 있는 것은 거짓말하는 것과는 다르다.

진실을 말하는 건 자기 배를 갈라 다른 사람에게 보이는 것과 같다. 보이고 싶지 않은 부분도 있고, 보고 싶지 않은 사람도 있을 것이다. 아무리 진실이라 하더라도 몇 가지는 비밀로 간직하는 편이 더 나을 때도 있다.

말만 번드르르하고 실천하지 않는 사람들은
빈손으로 돌아갈 수밖에 없다

열매가 열리는 나무가 있는가 하면, 열매가 열리지 않는 나무도 있다. 열매를 맺지 못하는 나무는 잎과 가지만 무성하다. 사람으로 치면, '열매가 열리는 나무'는 자기가 한 말을 책임지고 실천하는 사람이고, '열매가 열리지 않는 나무'는 말만 번드르르하고 실천이 없는 사람이라고 볼 수 있다. 수확 철이 되어야 두 종류의 나무를 구분할 수 있듯, 사람 또한 겉보기만으로 둘을 구별하는 것은 꽤 어렵다.

세상에는 말뿐인 사람은 많고, 실천하는 사람은 적다. 열매를 주렁주렁 맺는 나무가 적은 것과 마찬가지다. 자기가 한 말에 맞게 성실히 행동하는 것이 중요하다.

당신의 꿈과 욕망을 이룰 가장 빠른 지름길,
이보다 솔직할 수 없는 인생 실전 가이드!

발타자르 그라시안의 '세상을 보는 눈'은 가차 없다. 한 치의 너그러움도, 싸구려 감상주의도 없다. 그는 객관적이고 냉철한 인간관을 바탕으로, 철저한 현실주의자의 입장에서 각박한 시대를 살아가는 데 필요한 수많은 비법을 전수한다.

인생의 여러 가지 모순을 별것 아니라는 듯 덤덤히 받아들이는 저자가 건네는 지혜의 말들은 복잡한 현대사회를 살아가는 우리에게 최고의 조언이라 할 수 있다.

독일의 철학자 쇼펜하우어를 비롯한 후세의 수많은 지식인이 이 '인간 연구서'에 절대적인 매력을 느껴 온 이유도, 오로지 그의 칼날처럼 예리한 '인간 통찰' 때문이다.

발타자르 그라시안은 17세기 스페인의 철학자이자 예수회 신부였다.

당대에도 저술가로 널리 알려져 《현자론》《영웅론》 등을 남겼고, 1647년 쓰인 《사려와 지혜의 책(El Oráculo manual y arte de prudencia)》은 그의 저서 가운데서도 최고봉이라 일컬어진다. 이 책은 쇼펜하우어가 엮은 《세상을 사는 지혜》의 영문 판본에서 내용을 추려 재편집한 것이다. 쇼펜하우어의 독일어판 이외에도 각국의 언어로 번역된 이 책은, 유럽에서는 마키아벨리의 《군주론》과 맞먹는 명저로 널리 알려져 있다.

일반적으로 '인생론'이라 불리는 책은 독자에게 살아가기 위한 지혜와 용기를 준다. 하지만 대다수의 책이 때때로 이상론과 겉치레만 늘어놓고 입을 싹 닦아 버리곤 하는 데 반해, 이 책만큼은 전혀 다른 모습을 보인다. 오히려 행간 구석구석에서 뿜어져 나오는 너무나도 인간적인 모습에 놀랄 지경이다. 덧없는 탁상공론이 아닌, 말 그대로 '인생의 실전 가이드'인 것이다.

경험에서 뿜어져 나오는 내공과 삶의 전략

모름지기 철학자 겸 신부라면 '이상적인 삶의 길'을 가르치고자 노력하게 마련이다. 그렇다면 왜 그라시안은 이처럼 지극히 현실적이고 사람 냄새 풀풀 나는 책을 쓴 것일까?

당시 스페인은 '무적함대'로 세계를 석권했지만, 점차 그 기세가 기울기 시작하며 사회가 혼탁해져 가고 있었다.

이러한 배경 속에서 그라시안은 교회에 앉아 기도하거나 전도 활동만 하고 있을 수는 없었다. 1646년의 스페인-프랑스 전쟁에서 그는 카탈로니아의 전장을 종횡무진하며 가는 곳마다 승리를 거두었다. 병사들은 그를 '승리의 신부'라고 불렀다. 곧 그라시안은 용감무쌍한 군인 겸 성직자로서, 문무를 겸비한 현자로 알려지게 되었다.

그라시안이 속해 있던 예수회는 가톨릭 교회의 많은 수도 단체 중 하나이기도 했지만, 그리스도의 깃발 아래 싸울 것을 결의한 병사들로 구성된 군대 조직이기도 했다. '예수회 신도'를 뜻하는 영어 단어 'Jesuit'에는 '음험한 책략가'라는 의미도 있을 정도였다.

이렇듯 크고 작은 권모술수가 가득한 17세기 스페인이었기에, 그라시안이 철저히 현실적이고 냉철한 문장을 쓴 것이 십분 이해가 간다.

당신의 욕망을 이룰 수 있는 가장 구체적인 방법

"사심이 없는 사람일수록 자신의 재능을 키울 수 있다."

"입으로만 외치는 정의만큼 비겁한 것은 없다."

"거짓말은 진지하게 해라."

인생의 밝은 면과 어두운 면을 모두 경험한 그라시안이 던지는 화두는 놀라울 만큼 현실적이다. 그는 사람의 본성을 인정하면서,

순진한 당신을 위한 예리한 지혜

욕망을 이루기 위해 어떻게 하면 좋을지를 구체적으로 제시하고 있다.

책 속에서 이따금 등장하는 '현명한 사람'은 사실 사람의 내면과 외면을 잘 파악하고 있는 소위 '처세의 달인'의 모습을 하고 있다. 거기에는 결코 모든 것을 깨달은 성인군자인 듯 행동하는 모습은 없다.

짤막한 몇 마디 금언 속에 세상살이의 지혜를 남김없이 담은 이 책이, 크고 작은 문제와 맞닥뜨릴 여러분에게 끊임없는 해결책과 지적인 자극을 제공하게 되리라 믿는다.

순진한 당신을 위한 예리한 지혜

세상에서 현명하게 살아남는 185가지 방법

초판 1쇄 인쇄	2021년 11월 17일
초판 1쇄 발행	2021년 11월 25일

지은이	발타자르 그라시안
옮긴이	민경수

펴낸이	신민식
만든이	신지원
펴낸곳	도서출판 지식여행
출판등록	제 2010-000113호

주소	서울 마포구 토정로 222 한국출판콘텐츠센터 419호
전화	02-333-1122
팩스	02-332-4111
이메일	theorigin1971@gmail.com
홈페이지	www.sirubooks.com

인쇄/제본	한국학술정보

ISBN 978-89-6109-523-5 (03190)
값 12,000원